智慧教育的浙江印记

技术赋能
教育均衡

浙江省教育技术中心 / 编

浙江教育出版社·杭州

编 委 会

主　编： 王会军

副主编： 童兆平　陈　瑛

编　委： 薛　平　蒋　婷　邵　加　厉晓华　言　宏
　　　　　舒玲玲　邵　靓　禹丽锋　蒋　燕　陈　明

前言 PREFACE

"智慧教育的浙江印记"系列图书,以"故事群像"为基本支撑和内容架构,以鲜活的区域、学校、教师的技术融合创新案例为载体,提炼、总结教育信息化的应用实践经验,凝练、传播可复制、能推广的信息化应用典型经验,构建了由"个例"到"范式"的机制与路径,在教育信息化的转段升级、构建智慧教育新生态之路上,留下了浙江教育人以人为本、勇于探索、不断积淀的印记。

利用互联网技术缩小区域、城乡、学校之间的教育供给差异,是促进教育公平的有效手段。然而,如何运用技术破解教育优质均衡发展中的重点、难点与堵点,如何贯彻"让每个孩子都能享有公平而有质量的教育"的国家方略,仍待各地教育部门孜孜探索,不断实践。

在浙江,以"互联网+"弥补教育资源分布不平衡,促进乡村学校提质增效的实践由来已久。21世纪初期,以电化教育"点"的辐射,持续实施了两轮"农村中小学现代远程教育工程";2018年,以录播系统"线"的连接,推出了"城乡携手·同步课堂"的试点;2019年,以网络协同"面"的共享,推进"互联网+义务教育"1000所中小学校结对帮扶民生实事工作,基于互联网等信息技术,扩大优质教育资源覆盖面,让城乡孩子共享优质教育资源。在此过程中，秉持"干在实处、走在前列、勇立潮头"的浙江精神，基于"尊重师生首创、鼓励实践"的认知，各地各校不断创新实践，从技术支撑、应用实践、体制机制三条路径，以及共享数字资源、助力教学教研、支撑协同办学与优化教育治理四个维度，涌现出一批"互联网＋义务教育"结对帮扶的案例故事。

为培育、提炼和推广这些鲜活的基层实践经验，为梳理技术赋能教育均衡的路径与应用模式，并为促进城乡教育优质均衡发展提供浙江样本，《技术赋能教育均衡》一书遴选辑录了30个不同主体、不同类型的教育信息化应用案例，讲述浙江教育人在遵循并尊重教育规律和学生成长规律，承认城乡差异的基础上，基于"需求导向、问题导向、绩效导向"思维，凸显互联网等信息技术手段，推动管理共进、教学共研、信息互通、资源共享、师生互动、差异互补全方位的融合途径，撬动城乡教育"学共体"管理体系变革，创新城乡义务教育一体发展体制机制的实践与探索。

"努力以信息化为手段扩大优质教育资源覆盖面，让亿万孩子同在蓝天下共享优质教育。"《技术赋能教育均衡》仅是浙江教育信息化融合创新进程中的一个印记，但我们期望以此为契机，推进"互联网＋"背景下城乡义务教育优质均衡发展，让城乡孩子共享优质教育资源。

本书编委会
2020年4月

目录 CONTENTS

第一章
技术赋能的浙江认知 / 1

第一节　技术赋能教育的内涵认识　　　　　　　 / 2
第二节　技术赋能教育的实践理念　　　　　　　 / 8
第三节　技术赋能教育的浙江历程　　　　　　　 / 12

第二章
城乡一体的均衡布局 / 17

第一节　城乡教育一体化的时代要求　　　　　　 / 18
第二节　城乡教育一体化的浙江探索　　　　　　 / 22
第三节　一体化走出网络结对新范式　　　　　　 / 27

第三章
千校结对的普惠行动 / 31

第一节　千校结对工作的缘起与发展　　　　　　 / 32
第二节　千校结对工作的策略与路径　　　　　　 / 36
第三节　千校结对工作的成效与挑战　　　　　　 / 41

第四章
技术赋能共享数字资源　　　　　　　　　　　　　/ 47

第一节　走进名校名师课堂　　　　　　　　　　　/ 48
第二节　补齐乡村教学短板　　　　　　　　　　　/ 57
第三节　反哺差异特色课程　　　　　　　　　　　/ 66
第四节　优化数字资源供给　　　　　　　　　　　/ 73

第五章
技术赋能助力教学教研　　　　　　　　　　　　　/ 83

第一节　统整线上线下教研　　　　　　　　　　　/ 84
第二节　互通网络教学角色　　　　　　　　　　　/ 93
第三节　创新城乡同步课堂　　　　　　　　　　　/ 106
第四节　共促教师专业成长　　　　　　　　　　　/ 114

第六章
技术赋能支撑协同办学　　　　　　　　　　　　　/ 123

第一节　片区内联动应用　　　　　　　　　　　　/ 124
第二节　紧密型教育共同体　　　　　　　　　　　/ 133
第三节　松散型教育联盟　　　　　　　　　　　　/ 141

第七章
技术赋能优化教育治理　　　　　　　　　　　　／ 149

　　第一节　课堂教学联城乡　　　　　　　　　　／ 150
　　第二节　课程资源进家庭　　　　　　　　　　／ 157
　　第三节　体制机制强保障　　　　　　　　　　／ 165

尾声
干在实处的蓝图擘画　　　　　　　　　　　　／ 176

后记　　　　　　　　　　　　　　　　　　　／ 182

第一章

技术赋能的浙江认知

技术与教育融合，然后深刻地改变传统教育的内容和形式，最终成为重塑教育形态的变革性力量。这条技术赋能教育之路，浙江起点较早，走了许多年，是浙江奋力高水平实现教育现代化征程中浓墨重彩的一笔。浙江在技术赋能教育领域的探索经验与成果，为更好地推进教育均衡和教育现代化提供了新思路。

第一节
技术赋能教育的内涵认识

当前，信息技术已渗透到社会生活的方方面面，正以颠覆性力量改变和重塑着各行各业的形态。正如同科技的每一次重大进步都将引发教育的深刻变革一样，教育的每一次重大变革背后，也都有科技进步的影子。从中华人民共和国成立初期的教育仪器设备配备，到首创音像教材与文字教材同步编制，再到"农远工程"（农村中小学现代远程教育工程）"书香校园工程"等项目的实施，直至目前"教育信息化建设工程"和"智慧教育工程"的部署，都突显出一条基于时间轴的信息技术与教育教学迭代融合的发展轨迹。

近年来，以人工智能、大数据、虚拟现实为代表的信息技术呈现裂变式演进，全面推动技术与教育的融合创新，催生出基于技术的差异化教学、个性化学习、精细化管理和智能化服务等应用，有效支撑了浙江省"互联网＋义务教育"城乡结对帮扶和"最多跑一次"教育行政管理服务的数字化转型。

2019年10月，中国教育装备行业协会于青岛召开了以"技术赋能教育，创新引领未来"为主题的国际教育信息化大会，共话"技术赋能教育"的愿景蓝图。其实这并不是"技术赋能教育"第一次走入人们视野，"技术赋能的未来学校""技术赋能的未来教室""技术赋能的未来课堂"等在近年被反复提及，俨然成为教育技术领域的高频热词，承载着人们对美好未来教育的无限遐想与期待。

那么，究竟什么是"技术赋能"？纵观现有研究和论断，其基本概念经历了一个演变发展的过程。"赋能"最初是心理学学科的专用名词，指通过言行、态度、环境的变化赋予他人能量。"技术赋能"是赋能的一种形式，表示技术渗透到某一领域时所起的作用。"技术赋能教育"是以信息技术与教育教学深度融合为基础,实现基于技术的课堂教学模式创新、基于技术的精准校务治理和基于技术的便捷教育服务。

在浙江,"技术赋能教育"的内涵和外延又得到进一步拓展。基于先行先试的实践探索,形成了独具特色的六大认知,并逐渐内化为各地各校实现教育现代化和推进智慧教育的行动指南。

一、技术能重构学习空间

在桐乡市茅盾中学的地理学科教室里,"地球地质模拟室""水文气象实验室""人文地理活动室"等主题空间一应俱全,还有地震科普实验室、天文观测平台、户外地理园等辅助教学点,深奥抽象的地理知识在这里具象为一幅幅浩瀚的星空图、一组组直观的实验数据。杭州长江实验小学的"π空间站"是浙江省第一家数学体验馆,这里摆放着华容道、鲁班锁等益智游戏器具。因为倡导"玩中学",该校依托"π空间站"给学生提供了很多动手操作的机会,以便学生在实践中感受数学的逻辑性和趣味性。像这样,以高速泛在的校园网络、立体联动的信息发布、高效协同的网上办事、开放互动的空中课堂为主要应用特征的数字化教育空间正在颠覆传统"物理空间"的时空限制。数字化教育空间有机融合校园文化、学校课程和校园"物理空间",打破"学校与学校""学校与家庭""学校与社会"之间的"围墙",突破教育资源的地域差异,促进优质教育资源共享和义务教育的均衡发展。例如,依托桐乡市互联网学校,学生在电脑前就能聆听名师在线免费课,仅2019年暑假云端益学堂的名师直播课点击量就高达138万多人次。可见,随着信息技术的不断发展,数字化的"网上学校"与实体学校变得同样重要,二者共同构成技术赋能教育环境下的学习空间。

图1-1 温州市第十七中学的创客实验室

二、技术能优化课堂形态

温州市鹿城区将5G网络与4K高清画面结合起来,打造了高速顺畅的网络同步课堂,即使与远在四川省的学校同上一堂课,网络时延也能控制在1秒以内。近年来,双向投影、虚拟现实、移动互联等信息技术与课堂教学不断融合,改变了黑板、讲台、课桌椅"三元组"的传统教室功能布局,从以讲授为主的讲座型空间转变为基于项目合作、团队展示、自由讨论等多样化空间,推动从"以教为主"到"以学为主"的课堂形态转型,学习方式的变革,让学生真正学会学习,实现个性化学习、"智慧学习"。而技术赋能的教学课堂能感知学习情景、识别学习者特征、自动记录学习过程和评测学习成果,也为开展精准教学及个性化学习奠定基础。永康市第二中学研发了一台自助答疑机,学生有任何问题都可以随时咨询这位"24小时机器人老师",学生的自主学习变得更加精准高效。

图1-2　杭州市嘉绿苑中学:数字传感融入科学课堂

三、技术能深化数字资源应用

　　截至2019年12月，打开之江汇教育广场网络平台（以下简称"之江汇教育广场"）"网络学习空间"，1848个网络优秀主题社区、2000余个特色教学空间赫然在列，能基本满足教师在课程资源建设、网络研修、移动教学等方面的需要和学生个性化学习的需要。众所周知，网络课程、在线开放课程、微课等结构化数字资源已悄然改变传统课程形态，3D打印、虚拟现实、多维重构等信息技术将数字资源"显性化"，实现了学习情境的生活化和抽象内容的具体化，丰富了教育的供给方式，提高了学生的认知水平，进而增强了学生学习内驱力。作为全国具有较大影响力的省域数字教育资源公共服务平台，之江汇教育广场通过互联网学校、教师发展学校、家长学校和网络学习空间等主要应用载体，支撑开展在线互动教学、自主网络学习、个性化资源推送等服务，已然成为浙江教育教学数字资源高地。平湖市当湖中心小学的教师们就常常以之江汇教育广场的"社区空间"为平台开展丰富多彩的活动，以各类应用为主题开展校本研修，并使之江汇教育广场成为连接学校和家庭的特殊纽带。

图1-3　杭州市三墩中学的智慧教育课堂

四、技术能助力城乡统筹

利用互联网技术能缩小区域、城乡、学校之间的教育供给差异，是满足人民群众对更高质量、更加公平教育需求的有效手段。浙江省部署实施的"互联网＋义务教育"城乡结对帮扶就是：通过城乡同步课堂、远程专递课堂、教师网络研修、名师网络课堂等四种形式，实现城市学校补齐乡村教学短板、乡村学校反哺城市学校差异化特色课程的"互联网＋"结对帮扶，实现城乡间的优势互补。衢州市开化县齐溪镇中心学校和绍兴市鲁迅小学教育集团、开化县实验小学结对后，常态化开展同步教育教学实践，教育教学的软硬件条件都有了显著改善。用开化县齐溪镇中心小学校长吴章德的话说，教学质量提高了，家长满意度提升了，生源回流了，尤其在"互联网＋教育"方面，学校甚至走在了开化县其他学校的前面。

图 1-4　岱山县长涂镇长涂中心小学与岱山县高亭中心小学线上交流

五、技术能实现精准管理

仅用一个半小时就能完成1000余份个性化成绩报告单的推送，还能根据学生个性化错题集生成每周3次的"私人定制"作业，杭州市建兰中学的"学校大脑"玩转大数据，让学习变得更加精准高效。人工智能和大数据技术能优化教育数据的收集处理，增强基于数据的教育治理，技术正被更广泛而深入地应用。杭州市拱墅区也提出了教育大脑2.0行动计划，其"1＋2＋N"技术模型，包括一张网（物联感知网）、两个中心（大数据管理中心、人工智能辅助决策中心）和N个智慧应用，涉及智慧管理、智慧服务、智慧教研、智慧教学、数字驾驶舱等5大板块。像这样，应用人工智能及大数据技术可以分析和动态模拟学校布局、学区预警、校园安全态势感知、教育资源需求预测、内部审计风险预判、统计数据联动对比等，揭示和预测教育系统运行过程中的本质问题与发展趋势，让资源配置更高效，有效提升教育质量并促进教育公平，为教育治理提供科学的决策依据。

六、技术能便捷教育服务

物联网和人工智能技术作为智能引擎，面向师生服务、家校沟通、成长记录等应用场景，能构建网上办公和移动接入环境，打造"线上学校"。如今在龙游县下库小学，仅用一部手机就能掌管学校的全部工作。该校将智能表单系统和钉钉对接，自主研发模块、制订流程，打造出该校独有的智慧办公平台和特色模块，包括学生晨检、设备报修、隐患排查、消防月检、自主选课等在内的20多个模块，几乎涵盖了学校全部的日常工作。由此，校园服务实现从单一分散向整体打包服务转变、线下协同向线上办理转变、事项诉求向主动推送服务转变……技术赋能的一站式、移动化、模块型的网上办事及服务空间，极大地提升了服务体验，全面助推校园服务"最多跑一次"改革向更深层次、更广领域迈进。

第二节

技术赋能教育的实践理念

率先高水平实现教育现代化是新时代浙江教育行动的目标，在2019年3月举行的全省教育大会上，浙江省委书记车俊再次强调要大力发展"互联网＋教育"，推进教育大数据创新应用，加快智慧校园建设，构建以学生为中心、城乡全覆盖、学科全覆盖、线上线下融合的数字学习空间，提升教育资源共建共享水平。至此，技术赋能教育实践成为浙江的必由之路，浙江也从三方面入手，踔厉奋发，形成了技术赋能教育的浙江实践理念。

一、尊重师生首创

浙江素来秉持"干在实处、走在前列、勇立潮头"的精神，格外注重和保护创新。在技术赋能教育实践中，尊重师生首创也是浙江省信息技术与教育教学融合发展的实践共识。以教育改革面临的瓶颈问题为立足点和出发点，鼓励各地各校因地制宜，先行先试，开展信息技术环境下的教育教学探索与实践。

数字资源建设，浙江始终干在实处、走在前列。浙江把基于技术支持下的空间管理作为数字资源建设的重要环节，以之江汇教育广场为平台创建网络学习空间，积极创建名师网络工作室空间、浙江省数字教育资源应用实践基地学校等，实现"一校一师一生一空间"，持续推进学科教室和创新实验室建设，不断优化省级数字资源平台。各县（市、区）和各级各类学校也基于各自实情，积极搭建教育大数据平台，并与省级、国家级平台无缝对接，实现数字资源的分级建设，基本实现"国家—省—市—县—校"全网融通。例如诸暨市教育体育局与诸暨市政府大数据管理中心合作共建教育大数据平台,开发基于大数据应用的精准教学系统,已覆盖该市12所高中、34所初中,为师生们提供了3.5万余份个性化分析报告。

教育科学治理,浙江力促决策精准、服务优化。作为"最多跑一次"改革的发源地,浙江以信息技术和大数据管理推进政府数字化转型和集成服务,延伸到教育公共服务领域,则重在通过各类技术手段,实现教育流程再造、教育数据共享,破解教育领域重点、难点、堵点问题,激发教育部门、学校师生、社会力量的活力,实现优质教育资源共建共享,率先实现高水平教育现代化。衢州市在教育事项100%进驻市行政服务中心、100%实现"无差别受理"的基础上,围绕群众最关注的"入学"与"办学"事项,创新提出入学报名"一网通"、教育缴费"一键办"、资助办理"一端口"等"十个一",极大地便利了师生和家长。宁波市也出台了《教育公共服务领域"最多跑一次"改革实施方案》,围绕群众关注的教育热点问题,从入学报名、学后托管等"关键小事"做起,力争用两年时间,构建更加公平、更加优质、更加高效的教育公共服务新模式,给市民带去实实在在的便利。

区域试点示范,浙江坚持有序推进、示范引领。浙江提出要全力争创国家"互联网+义务教育"示范区,并据此安排了一批重要的教育信息化项目,以引领、带动全省全面推进"互联网+教育"。项目设计上以立德树人为根本,坚持信息化引领和推动教育现代化的理念,充分运用"跨界、融合、开放、创新、平等、共享"的互联网思维,破解"公平、均衡、质量、个性化"等社会关切的教育问题,重塑教育理念、重建课程形态、创新学习方式、重构教育生态,促进学习者全面自由地发展。项目实施中彻底纠正部分区域"重硬件、轻软件,重技术环境建设、轻应用融合创新,重物的投入、轻人的学习"的倾向。项目安排时坚持以应用驱动、机制变革为导向,结合各地发展的实际情况,科学、合理、适切、协调安排好教育信息化的基础设施、资源建设、数据共享、技术应用、人员培训、机制创新等各领域的重要项目规划与实施,全面推进"互联网+教育"。

技术赋能教育均衡

二、注重技术伦理

信息技术的深入发展和广泛应用，深刻改变着人类生活和社会交往方式，影响着人们的思维方式、价值观念和道德行为。

浙江在教育信息化推进过程中，始终将技术伦理放在重要位置。《浙江省教育信息化三年行动计划（2018—2020年）》就明确提出，要强化教育信息化发展伦理意识，关注技术伦理，正确处理教育技术应用效率和伦理之间的关系。具体地讲，一是要求以教育规律和学生成长规律为出发点，严把技术应用的准入关。审慎引入和应用新技术，对大规模推广应用新技术建立科学实验和教育适应性审核评估制度。二是要求重视数据和信息安全，保护师生个人隐私。认真贯彻网络安全法，落实网络安全等级保护制度，有效防范、控制和抵御信息安全风险，增强安全预警、应急处置和灾难恢复能力，形成与浙江省教育信息化发展相适应的、完备的、可靠的网络与信息安全保障体系。

浙江教育信息技术应用特别强调要遵循两大原则：一是服务师生原则。确保师生始终处于主导地位，避免师生的利益、尊严和价值主体地位受到损害，确保任何信息技术特别是具有自主性意识的人工智能机器持有与人类相同的基本价值观。始终坚守不伤害师生自身的道德底线，遵循人类的正确价值取向。二是安全可靠原则。新一代信息技术尤其是人工智能技术必须是安全、可靠、可控的，确保教育信息安全和师生隐私安全。如果某一项技术应用可能危及师生的价值主体地位，那么无论该项技术具有多大的功用性价值，都将被舍弃。

三、创新体制机制

创新是教育进步的灵魂，是教育发展的不竭动力。大力推进教育体制机制改革，才能使浙江教育越办越好，越办越强。为激发学校和教师的潜能与活力，鼓励和引导学校教师共享优质教育资源和开展在线教育服务，推行之江汇教育广场部分优质数字资源按用付费的规则，基于"开放众筹"与"公益＋市场"的运作思路，积极探索遵循市场规则的资源供给新方式。

为鼓励各地结合实际，积极主动推动教育信息化工作，从强化绩效理念、解决部分地区实际问题的角度出发，通过竞争性获得方式选择部分地区奖励信息化建设经费，促进多方协作，逐步弥补信息化发展中存在的"短板"。

将技术赋能教学实践作为教师每年继续教育的重要内容，通过省师训平台自主选择培训、指令性培训、学校校本研训等方式开展"智慧教育与现代教育""学习空间建设与微课制作""教育技术与学科教学深度融合""数字教育故事创作与提炼"等多种类别的培训，提升教师信息技术应用能力与信息素养。

推进教育信息化典型实践由"个例"走向"范式"，通过持续推进智慧教育典型案例征集活动，建设智慧教育典型案例聚享空间，常态化开展典型应用推广和成果转化，构建智慧教育案例培育、提炼、撰写基本路径和运作框架，发挥智慧教育实践的引领、辐射、带动作用，提升整体区域的信息化水平。

第三节

技术赋能教育的浙江历程[①]

浙江教育技术发展经历了五个发展阶段,即器物配备阶段(1950—1980年)、电化教育阶段(1980—1990年)、多媒体教学阶段(1990—2000年)、教育信息化阶段(2000—2011年)和智慧教育阶段(2011年至今)。

一、器物配备阶段(1950—1980年)

黑板、粉笔和教材曾经是沿袭了几十年的三大教具。1958年,浙江省教育厅教学仪器供应社成立,开始为全省中小学配备辅助教学的录音机、幻灯机、投影机等视听教育设备。同时,鼓励各个学校积极开展自制教具活动,以弥补教学仪器不足。1972—1978年,全省教学仪器生产产值达600多万元,浙江省教育厅教学仪器供应社向全省配发了价值158万元的教学仪器。1979年,浙江省教学仪器公司成立,作为省教委下设的直属单位,负责中小学校的教学仪器和电教器材的生产供应、学校实验室建设和管理,组织开展自制教具活动,编制教学仪器长远规划。

二、电化教育阶段(1980—1990年)

改革开放以后,信息技术与课程改革紧密结合,"两机一幕"(投影机、录

[①] 本节内容参考《浙江教育技术史》一书。

影机和银幕）逐渐进入课堂教学。1983年，浙江省教育厅开展电化教育试点工作，推广基于幻灯片、唱片、教学录像带的教学实践，为配合全省九年制义务教育课程教材试验，浙江在全国首创音像教材与文字教材同步编制、同步进课堂的模式。为改善农村初中实验条件，提高教学质量，浙江省创建了农村初中实验

图1-5 "两机一幕"进课堂

中心，全面普及实验教学。基于浙江省电化教育发展的形势，1988年，单独建制的浙江省电化教育馆成立，标志着浙江电化教育进入发展快车道。

三、多媒体教学阶段（1990—2000年）

随着个人电脑的发展普及，浙江省开展了中小学计算机教育试点。其中，20世纪90年代初，已有200多所中学开展了计算机教学，1.2万名中学生接受了各种形式的计算机学习，学生计算机房和多媒体教室建设成为教学装备建设的主基调，一些经济发达地区开始校园网络建设。在课堂教学中，幻灯片演示丰富了以往教学中黑板的板书、板演，数字图片、影像视频及动画等趣味性元素被不断引入课堂教学，丰富了知识的展现形式。为加强多媒体技术的课堂应用，浙江在全省范围内实施中小学教师教育技术能力培训。

四、教育信息化阶段（2000—2011年）

教育技术"物"的配置与"网"的建设进入快速发展期，班级多媒体全覆盖、计算机生机比、录播及交互式多媒体系统成为考量中小学信息化基础建设的关键指标。2004年，浙江持续开展了两轮"农村中小学现代远程教育工程"，为30个经济发达县配送了1800多套多媒体设备。2007年，启动"中小学书香校

园工程",按全省生均5元的标准,为农村中小学配备图书。2009年,浙江省电化教育馆、浙江省教育装备和勤工俭学管理中心合并为浙江省教育技术中心,为全面推进全省教育信息化工作奠定了组织基础。

五、智慧教育阶段(2011年至今)

随着互联网、大数据、人工智能等新一代信息技术与教育教学的融合创新,个性化、精准化、智能化的教学应用实践越来越丰富。2011年,浙江发布了全国教育信息化的首个五年发展规划,部署实施"一网二库三平台四体系"的工程建设。之江汇教育广场成为浙江省数字教育资源公共服务的新名片,学科教室、创新实验室及移动终端成为教学装备的建设热点。2012年,启动省级数字校园示范校建设,建成200所特色明显、具有示范引领作用的省级示范学校。

图1-6 杭州市育才外国语学校的平板电脑课堂

2016年,《浙江省教育信息化"十三五"发展规划》出台,提出以教育信息化支撑和引领教育现代化的发展理念,吹响全面推进智慧教育的号角。2018年,出台《浙江省教育信息化三年行动计划(2018—2020年)》。2019年,启动开展"区域和学校整体推进智慧教育综合试点",培育和树立100个智慧教育典型,推进1000个"基于技术的教与学方式变革"实践,探索形成一批可复制、能推广的智慧教育建设发展途径和有效模式。近年来,浙江以"最多跑一次"改革为抓手,浙江省教育厅出台《浙江省教育数据暂行管理办法》,建设教育大数据中心、教育数据共享交换体系和教育系统数据仓,实现教育类民生事项"一证通办",全面推进教育治理体系和治理能力的现代化。

技术赋能教育,浙江强调基于"需求导向,应用驱动"的深度融合、注重"润物细无声"的"化",把信息技术融入教育教学的全过程、贯穿于教育教学的各个环节,并在助推教育公平、提升教育质量、破解教与学过程中的痛点、难点、堵点中发挥出不可替代的作用。正如北京师范大学余胜泉教授所说:"最好的技术是消失在我们生活中的技术。技术一旦融入我们的课堂,老师们离不开了,教育技术就算是成功了。"这正是浙江推进教育信息化的题中之义。

第二章

城乡一体的均衡布局

新时代,教育均衡兼顾公平与质量,弥合差异与差距,让"同一片蓝天"下的教育愿景有了更加斑斓的实现形式。过去,城乡教育不均衡是较为突出的短板;而今,城乡教育一体化已取得瞩目的成就。城乡学校结对帮扶更让教育均衡从硬件均衡迈向了内涵均衡的新阶段。

第一节
城乡教育一体化的时代要求

新时代人们对教育有了更多期许，公平和质量逐渐成为教育发展新的关键词。尤其是党的十八大以来，习近平总书记多次强调要优先发展教育事业，努力让每个孩子都能享有公平而有质量的教育。一时间，人人追求教育平等、校校打造满意教育，优质公平教育成为社会公平的直观体现和重要基础。

一、公平是基础，质量是保证

回溯过去不难发现，在中国漫漫历史长河中，教育公平理念从未缺席。从两千多年前孔子提出"有教无类"思想，到现代教育家陶行知倡导"教育机会均等"主张，教育公平是我们一以贯之的共同追求。然而这一朴素教育理想却直到中华人民共和国成立后才真正得以实现。中华人民共和国成立70多年来，尤其是改革开放40多年来，党和政府将一个人口多、底子薄的教育弱国改造成一个基本普及十五年基础教育、大学毛入学率达到45.7%的教育大国，实现了教育公平的历史性跨越，为全球可持续发展和减少教育不公提供了"中国样本"和"中国经验"。

然而，中国的教育公平之路也不是一帆风顺的，尤其在任务最艰巨的贫困地区和偏远乡村。短板在哪里，优质公平教育的触角就延伸到哪里。一方面，我国将教育融入脱贫攻坚、乡村振兴和促进中西部发展等国家重大战略中，坚持"扶贫先扶智、治贫先治愚"，不遗余力地优化教育资源配置，确保优质资源和优质师资向教育薄弱地区倾斜，尽可能地缩小区域、城乡和校际差距；另一方面，基于我国教育已进入高质量发展和内涵发展新阶段的实情，坚持扩大教育机会与提升教育质量并举，坚持教育优先发展与教育改革创新并重，尽可能地构筑起有质量的公平、高质量的公平。

教学质量是学校的生命线，教育公平最终也要由一所所学校来承载和体现，针对偏远薄弱学校、乡村小规模学校发起的一项项教育改造提升行动如火如荼。如今，"最好的房子是学校、最美的环境是校园"已成为众多偏远乡村的真实写照，乡村学校的教学软硬件条件普遍得到明显改善。从义务教育公办学校标准化建设到教育信息化和教育现代化建设，从关注学校教学硬件提升到关注学校教育内涵发展，教育公平不断提标、提质，逐渐发展成为具有中国特色和世界先进水平的优质教育范式。

二、国家有政策，百姓有需求

教育公平是社会公平的重要内容，也是推动社会公平的重要动力。努力让每个人都能享有人生出彩的机会，是新时代教育公平思想最朴素直观的表达，其背后蕴藏着深厚的内涵，那就是：以教育公平促进社会公平正义。

为义务教育立法，推进义务教育公办学校标准化建设，开展农村义务教育管理体制改革，启动"两基"（基本普及九年义务教育、基本扫除青壮年文盲）验收，实施"农远工程"，创建乡村教师支持计划……进入21世纪以来，党和政府把促进公平作为国家基本教育政策，把促进教育公平作为执政理念和行动目标，出台了一系列助推、发展教育公平的政策制度。尤其在县域义务教育基本均衡发展方面，通过布局城乡教师和校长交流轮岗制度，统一城乡义务教育学校公用经费标准，统一城乡教师编制标准，鼓励公用经费向乡村小规模学校和教学点倾斜等，使得保障教育普惠公平和均衡发展的制度框架基本成型。

随着教育大环境逐渐打破城乡二元结构，教育资源由中心集聚转而向偏远乡村和薄弱学校倾斜，"有学上"不再是困扰老百姓的首要教育难题。与此同时，如何"上好学"，如何满足不同层面的教育公平需求，如何满足不同个体的教育多元需求等，成为衡量老百姓教育获得感和满意度的新标准。近年来，有关各级各类学校招生录取、义务教育减负、教育信息化发展、标准化中小学校

技术赋能教育均衡

建设等教育公平问题屡屡被写入各级政府工作报告或被列为政府民生实事，成为领导挂心的"一号工程""案头工程"。

真正把老百姓对教育的需求放在心上，努力办好人民满意的教育，公平既是起点也是归宿。为回应民生关切，各地各校纷纷致力于把人的全面发展理念摆在前面，坚持为每一位学生提供适合的教育；提高标准化建设程度，加快提档升级，尽可能实现"校校达标""项项达标"；建强城乡教师队伍，使教师和校长交流轮岗制度真正落地，确保弱校也能有名师。

三、破乡村堵点，促教育均衡

大量优质资源流向偏远校、乡村校、薄弱校，整体抬升了教育底部，使我国乡村教育面貌焕然一新。但随着社会不断发展，因城镇化带来的资源自然集聚和人才虹吸效应，致使人才、文化、信息等一大批与教育教学质量休戚相关的资源仍然自觉或不自觉地汇聚于大城市，久而久之便形成了新的教育发展不均衡。

新时代语境下，教育公平的内涵已悄然生变。首先，尊重少数群体的教育需求同样重要。由于城镇化的快速推进、人口流动速度加快，乡村中小学规模自然缩减，乡村学生的教育诉求成为推进教育公平的重要内容。其次，尊重乡村学生的综合素养培育至关重要。素质教育强调培养学生个性特长和多元能力，乡村学生的视野、能力等与城市同龄学生差距较大，在日益推崇的综合素质测试的考核选拔模式下，乡村学生进一步丧失优势，帮助乡村学生养成良好的综合素养、让乡村学生也能拥有人生出彩的机会是推进教育公平的重要使命。最后，尊重面向未来的乡村课堂改革不可或缺。社会发展日新月异，包括智能机器人、3D打印、创客教育等在内的STEAM教育（集科学、技术、工程、艺术、数学多学科融合的综合教育）内容以及AR（增强现实技术）、VR（虚拟现实技术）、"5G+4K"等信息技术已经越来越多地被应用于现代课堂，大中城市正在面临一场未来教育革命。反观乡村课堂教学，许多仍停留在教材、黑板、课件层面，教育从内容到形式都存在断层。由此可见，乡村教育是当前推进城乡义务教育优质均衡发展、促进城乡孩子享有公平而有质量的教育、实现教育现代化征途中的突出短板，弥合城乡教育的结构性差异是推进教育公平的重要路径。

　　李克强总理在全国教育大会上指出，要着力补上短板，夯实义务教育这个根基，强化农村特别是贫困地区控辍保学工作，要完善城乡统一、重在农村的义务教育经费保障机制，着力改善乡村学校办学条件、提高教学质量，注重运用信息化手段使乡村获得更多优质教育资源，在提速降费、网络建设方面给予特别照顾。把更多教育投入用到加强乡村师资队伍建设上，不折不扣落实现行的补助、奖励和各类保障政策，对符合条件的非在编教师要加快入编、同工同酬。前瞻规划布局城镇学校建设，增强容纳能力，加快实现随迁子女入学待遇同城化。

第二节

城乡教育一体化的浙江探索

玉甑峰下、东漺河畔,乐清市白石小学白墙黛瓦的新中式校舍融入周遭景致中,美成一幅水墨画卷。这所乡镇学校从当初的7亩地扩大到47亩,不仅按"智慧教室"标准配齐、配足了现代化教学设备,而且录播室、报告厅、风雨操场等一应俱全,成为温州"未来学校"建设的一个缩影。

在2019年举行的全省教育大会上,浙江省委书记车俊提出要加快补齐基础教育中的突出短板,着力破解城乡义务教育发展不均衡难题。为此,借布局新学校、改善薄弱校之机,浙江在推进城乡教育一体化进程中,始终坚持补短与提质齐头并进。

一、一张均衡蓝图绘到底

2019年11月21日至23日,负责浙江省第二轮基础教育重点县终期督导验收和教育基本现代化县预评估的专家们来到丽水市缙云县,分4个小组实地考察了16个教育建设项目。近5年来,实施重点县提升工程,争创基础教育重点县和教育基本现代化县,努力在教育现代化进程中走在前列,成为浙江各地教育系统面临的最重要任务。

其实,追求优质公平教育,浙江早已"在路上"。从1997年实现"两基"目标到2004年基本普及十五年基础教育,从解决"有书读""读好书"难题到提出"促进教育科学和谐发展"的基本要求……2015年,浙江成为全国最早实现全省所有县(市、区)全部通过国家义务教育基本均衡发展评估认定的五个省

(市）之一。成绩来之不易，这得益于浙江始终将义务教育均衡发展放在重中之重的长期发展战略地位，秉持"一以贯之、一视同仁、一盘整棋"的思路和坚持以"第一民生工程"的力度持久稳步推进区域、城乡和校际高水平均衡发展的努力。

图2-1　绍兴市上虞区实验小学的互动教室

（一）一以贯之，持续推进教育均衡发展

早在2004年，浙江就借全省农村教育工作会议之机出台了一系列惠及农村、聚力"改薄"的政策，引导全社会关心关注农村教育改革与发展。随后，农村中小学家庭经济困难学生资助扩面工程、农村中小学爱心营养餐工程、农村中小学食宿改造工程、农村中小学教师素质提升工程等"四项工程"迅速在全省铺开，提高了农村学校的办学条件和办学水平。

基础夯实之后，从基本均衡到高水平均衡再到优质均衡，教育均衡发展之路浙江走得越来越稳健。2011年出台的《浙江省中长期教育改革和发展规划纲要》将推进义务教育均衡发展作为实现教育现代化的首要任务；2013年出台意见要求各地将义务教育均衡发展纳入区域经济社会发展总体规划；2017年中国共产党浙江省第十四次代表大会重申义务教育的主要任务就是坚持均衡优质、公平普惠，切实保障和改善民生；2018年再次印发《关于统筹推进县域内城乡义务教育一体化改革发展的实施意见》，进一步明确以义务教育优质均衡发展助推教育现代化的发展思路。

（二）一视同仁，统筹推进城乡教育均衡

补短提质的重难点在乡村教育，为此浙江着力做好三件事。首先是完善城乡义务教育经费保障机制，特别是统一城乡义务教育学校生均公用经费基准定额、巩固城乡义务教育学校教师绩效工资保障政策、实行教育设施设备城乡一元化配置等。其次是改善农村学校办学条件，不仅涉及校舍改造、校园饮水质量提升、书香校园建设、小规模学校调整改造等基本办学条件改善，而且也通过"山海协作""新名校集团化""城乡教育共同体"等形式，由省内教育发达地区对口支援帮扶教育薄弱地区、教育质量先进学校结对相对落后学校。最后是充分利用好互联网技术推进城乡同步发展，通过实施两轮"农村中小学现代远程教育工程"、建设"三通两平台"、推进"互联网＋义务教育"工程等，推动城乡孩子共享优质教育教学资源。

（三）一盘整棋，全面推进教育优质均衡

2014年，浙江启动"基础教育重点县质量提升工程"和"教育基本现代化县（市、区）评估认定"工作。5年过去了，截至2019年10月，浙江累计投入资金156亿元，为19个基础教育发展水平相对薄弱地区实施改造项目615个，从硬件环境改善到教育内涵提升，极大地改变了重点县的教育面貌。同时有74个县（市、区）创建成为省教育基本现代化县，以常山县为代表的一批重点县，甚至借质量提升工程之机蓄力赶超、后发先至，实现了重点县"摘帽"和教育基本现代化县"戴帽"。

二、两大资源建设挺在前

在补齐乡村教育短板、推进城乡教育一体化的过程中，浙江格外重视优质教育教学资源的统筹布局，尤其是优质师资和教学资源，这是影响城乡教育优

质均衡发展的两大决定性因素。

（一）多措并举，促进优质师资城乡均衡

浙江从抓好城乡教师队伍建设、打造与教育现代化相适应的高素质教师队伍入手，重点做好县域内教师流动交流和"县管校聘"改革，高效落实培养培训机制和乡村教师支持计划。

去往偏远乡村的校长、教师肩负着要把先进教育理念和好的教育方法带到乡村学校的重任；去往发达地区学校的乡村教师则期待着学到更多管理经验和教科研方法。如今，校长、教师交流已成为浙江省中小学教师队伍建设工作的常态，5年内参加交流的校长、教师达到了6.5万余人次。而"县管校聘"改革则更多地缓解了各地教师结构性短缺的问题。从2016年嵊州市和浦江县率先试点，到2018年实现全省覆盖，浙江已然建立起中小学教师编制和岗位的总量控制、动态调整、统筹使用的新机制。

为提高乡村教师的教育教学能力和薪酬待遇，浙江接连启动"卓越教师培养计划""农村教师素质提升工程""乡村教师支持计划"等，还通过改革师范生招生制度，定向为山区、海岛和偏远地区及农村中小学校招生培养小学全科及紧缺学科教师2000余人。再加上乡村教师收入提高、外出学习培训机会增多、在评优评先上有倾斜政策，越来越多的教师愿意到乡村学校任教，乡村教师群体在数量和质量上都有了显著提升。

（二）共建共享，促进资源优化配置

以教育信息化为抓手推进优质教育教学资源的共建共享，浙江于2004年启动首轮"农村中小学现代远程教育工程"，通过教学光盘播放点、卫星教学收视点、计算机教室等的建设将先进教育理念、优质教育资源传输到农村学校，极大地推动了现代教育技术装备的发展和媒体资源在教育教学中的应用，在当时享有"一键通大下，十指点江山"的美誉。因此，首轮"农远工程"结束后，浙江自加压力启动第二轮建设，为之后更好地开展教育信息化建设和智慧教育建设奠定了坚实的基础。

同样为教育信息化建设打好"地基"的，还有2011年出台的《浙江省义务

技术赋能教育均衡

教育标准化学校基准标准》（2.0版）。该标准对中小学提出诸如校舍建设、师资配置、信息化建设等明确指标性要求，以引导学校从按标准建设转向高质量个性化特色发展。

在这样的背景下，浙江启动"三通两平台"建设，并建成网络、资源和服务全覆盖的教育信息化体系和教育资源公共服务平台之江汇教育广场，实现了优质资源和教师网络学习空间"人人通"。据统计，截至2019年12月，该平台已汇聚15706门课程，包括1436门普通高中选修课网络课程、1705门网络同步课程、1544门名师课程、3808门名校课程等，精品微课视频50000余个，平台日均访问量突破200万人次。浙江各地中小学也纷纷推进移动学习终端、学科教室和创新实验室应用，并积极开展教师网络研修，让优质教育教学资源共建共享不再是一句空话。

第三节

一体化走出网络结对新范式

地处浙、皖、赣三省交界处的开化县齐溪镇中心小学,是一所典型的农村自然小班化、寄宿制学校。然而走进该校却不难发现,移动学习终端、交互式多媒体等先进教学设备已进入每个班级;录播教室、校园视巡检系统、无线网络等已全部配齐;"亲情视频通话系统"已覆盖每个宿舍……借助互联网技术,该校学生不仅能同步共享开化县实验小学、绍兴市鲁迅小学教育集团的课堂,还能聆听由中国美术学院等知名大学教授执教的课程。技术让世界"变小"了,也让农村孩子们的眼界更开阔了。

一、城乡网络结对席卷全国

忽如一夜春风来,大数据和人工智能等信息技术恍如一个猛子扎进教育这池春水中,彰显出互联网在扶智育人、推进教育优质均衡、营造智慧教育生态方面的强大助力职能。尤其是2018年教育部印发《教育信息化2.0行动计划》,特别提出要推进网络条件下的精准扶智,引导教育发达地区与薄弱地区通过信息化实现结对帮扶,实现"互联网+"条件下的区域教育资源均衡配置,缩小区域、城乡、校际差距,弥合教育数字鸿沟问题,实现公平而有质量的教育。

于是,一根网线、数块大屏、异地同课……基于"互联网+"的新型课堂越来越多地出现在全国各地。宁夏回族自治区以建设全国"互联网+教育"示范区为契机,分地分学校探索"互联网+教育"的方向和重点,在不同区域推进8个示范县(区)建设和80所应用示范校建设;甘肃省充分利用"全面改薄"资金推进教育信息化建设，启动实施"教学点数字教育资源全覆盖""畅言智能语音教具助力民族地区双语教学推广""省级同享大城市优质教育资源"等项目，建成了覆盖全省、分布合理、安全高效、开放灵活的"互联网＋教育"云服务体系；湖南省则以"1＋N"或"N＋N"形式构建城镇地区主校与贫困地区分校一体化的农村网络联校群，有效破解了贫困地区农村中小学师资缺乏、资源不足、课程开设不齐等问题……

无论是依托科研项目在试点校推进，还是依托行政主导区域整体推进，全国各地围绕城乡结对都进行了卓有成效的探索、实践。浙江也不落窠臼，在推进教育优质均衡方面创新频频、多措并举，在高水平实现教育现代化进程中始终保持走在前列。

二、浙江教育均衡走在前列

浙江素有崇文重教的传统，是我国教育发展的高地，具备率先实现义务教育优质均衡发展的条件和基础。浙江也一直不负众望，始终以勇立潮头之姿走在教育优质均衡发展的最前沿。近年来，浙江更是将重心转到优质均衡发展的核心——教育质量上来，尤其是农村教育质量，这就需要借助互联网技术进行教育精准扶贫，尽可能多地传递优质教育资源。

嘉兴市海盐县2013年、2015年先后被认定为全国义务教育发展基本均衡县和浙江省首批基本实现教育现代化县。为实现义务教育优质均衡目标，海盐县结成7个城乡"学校发展共同体"，在学校管理、教师发展、教学资源等方面共建共享。此外，借义务教育学校"城乡携手·同步课堂"试点契机，海盐县还创建同步课堂信息平台，使城区教师摇身一变成为农村学校的智囊团，城区优质教育教学资源也得以无缝实时地向农村教育洼地辐射，惠及该县所有的农村中小学校和薄弱学校。

宁波市江北区的教育信息化建设从硬件改善到内涵提升，改变了农村学校的本来面貌，打破了人们对农村学校、农村教育的刻板印象。近5年里，江北区新建了一批现代化学校，80％布局在农村和城乡接合部，基本形成了规模适度、结构合理、城乡均衡的布局。结合同步互动课堂，江北区做到了让优质教育资源下沉到真正有需求的学校。该区还建成了江北教育数据中心、江北教育科研网和江北教育资源公共服务平台，全区普通教室交互型多媒体覆盖率达100%，共享超千万件教学资源。

图2-2　开化县齐溪镇中心小学特色茶文化课堂

湖州市不断推进供给侧改革，扩大优质教育资源覆盖面，同时将推进义务教育优质均衡发展县（区）创建工作纳入县（区）教育工作年度考核；温州市着眼信息化建设，力争2022年前在全市中小学实现"互联网＋义务教育"全覆盖；舟山市努力优化学校布局，促进学校提档升级，遵循"大岛建小岛迁"的原则，实施"加强海岛教育三年行动计划"，力促以名带新、资源共享、优质发展，推进教育优质均衡发展，办好公平而有质量的教育始终是浙江各地不竭的追求。

三、千校结对工程试点初探

2018年8月，《浙江省义务教育学校"城乡携手·同步课堂"试点工作方案》正式出炉，掀开了在全省范围内实施中小学校网络牵手计划的序幕，基于网络的校际教学交流与结对在浙江蔚然成风。首批70所学校作为同步课堂实践先行者，从技术环境配置、教学应用实施、组织管理体系等维度，开始试点探索两校教师如何共同备课、上课、批改作业和辅导学生，提升乡村小规模小学和薄弱初中学校的教育质量与办学水平，促进区域义务教育优质均衡发展。

作为试点学校，衢州市柯城区兴华中学和华墅初中自结对起便实现了教学资源的共建共享。借助网络，当兴华中学学生在该校研训中心上课时，华墅初中的学生也能通过云课堂，与兴华中学的学生们一起听课、互动，一起享受优质教育资源。两校教师纷纷表示："只要扫一下二维码就可以录课，只要呼叫对方电话号码就可以实现互动，非常方便。"2019年"互联网＋义务教育"1000所中小学校结对帮扶民生实事工作全面启动，全省所有县（市、区）均参与结对帮扶，覆盖300多所乡村小规模学校，实现了城区优质学校与偏远乡村学校的亲密"牵手"。

图2-3　衢州市柯城区石梁镇小沟教学点的三名学生与结对学校同步上课

有人说，"教育帮扶、互联网课堂是推进城乡教育优质均衡发展的'一块温柔补丁'"。随着千校结对工程在全省各地日益深入地推进与开展，风格各异、欣欣向荣的城乡同步课堂在浙江不断呈现，成为推动城乡教育一体化发展、助力学生全面而有个性成长的重要力量。

第三章

千校结对的普惠行动

一屏连接多地、一课同步城乡，集结了上千所中小学共同参与的"城乡携手·同步课堂"行动，正如火如荼地在浙江大地上展开。以实际需求为导向、纳入民生实事项目、构建完善政策体系、注重提升师资素养、统整联动多方资源、优化教育治理结构，千校结对工作在摸索中前行，不仅提供了浙江经验，也带来了浙江思考。

第一节
千校结对工作的缘起与发展

一屏采用触摸一体机、一屏采用普通液晶电视，还有高灵敏的吊麦用于音频采集，龙游县下库小学学生足不出校也能享受城区实验小学的优质课堂；借助高清视频直播系统，岱山县长涂中心小学教师不用登船离岛，就能和岱山县高亭中心小学教师们集体备课、同步教研；东阳市江北小学教育集团和东阳堤莲湖完全小学结对后同享"水润课程"，两校学生还在水润平台上研究"一叶莲"水培与土培的区别……如今，互联网元素已经渗透到教育教学的方方面面，依托互联网开展的城乡同步课堂在浙江各地更是随处可见。

一、时代齿轮推动发展

回望过去20年，中国互联网技术迅猛发展，从落后到赶超再到全球领先，衍生出"互联网+"发展新业态，促成了知识社会创新2.0推动下的互联网形态演进及其催生的经济社会发展新形态。"互联网+义务教育"正是在这样的大背景下应运而生。

虽是新生事物，"互联网+义务教育"却已彰显出蓬勃的生命力。借助互联网、物联网、大数据、人工智能等技术手段，"互联网+义务教育"成功实现教育流程再造和教育数据共享，进而倒逼各地各校在教育理念、教学方式、教育组织、教育评价和教育体制机制等方面作出变革，有效激发了教育部门、学校师生和社会教育力量的活力，实现优质教育资源共建共享，构建起以学习者为中心的新时代"互联网+义务教育"新生态。

浙江义务教育学校"城乡携手·同步课堂"启动时间并不久，自2018年8月试点工作方案出台后，这项工作才在全省范围内深入开展起来。不过在此之前，试点地区和试点学校如"小试牛刀"般已零星展开，为后续规模推进埋下了伏笔。

二、乡村振兴呼唤变革

"学校遇到了生源不断流失、骨干教师留不住、教学质量滑坡等问题，老百姓对学校的满意度也比较差。"有乡村学校校长表示，学校发展陷入僵局令他忧心如焚，打破这一瓶颈迫在眉睫。结合近两年千校结对工作的实施情况，我们发现，由于农村学校普遍缺乏整体规划，投入不均衡、碎片化，重硬件投入、轻软件建设，优质资源供给端与需求端缺少对接机制等问题不同程度存在。相应的，农村教师技术培训、硬件维护和升级换代、教学内容开发投入等也略显不足，软硬件设施条件都亟待改善。同时，结合浙江乡村教育的具体现状和发展诉求，当前乡村学校普遍面临的突出问题是教育质量与办学水平还不够高，而影响教育质量提升的重点和难点在于乡村教师专业水平难以得到有效提升、乡村小规模学校的教育教学组织尚不够完善……

"推动城乡义务教育一体化发展，高度重视农村义务教育……努力让每个孩子都能享有公平而有质量的教育。"党的十九大报告中有关城乡义务教育一体化发展的论述掷地有声。2018年4月，国务院办公厅发布指导意见，对于如何推进"互联网＋义务教育"发展提出更加明确的建议，包括发挥好优质学校、骨干教师的辐射带动作用，采取同步课堂、公开课、在线答疑辅导等方式，以促进两类学校师生与优质学校师生共同在线上课、教研和交流等。对此，浙江积极响应，出台《关于统筹推进县域内城乡义务教育一体化改革发展的实施意见》，提出要遵循"提高质量、公平共享"的原则，推进同步规划建设城镇学校、努力办好乡村教育、统筹城乡师资配置、改革乡村教师待遇保障机制等11项具体举措。其中，努力办好乡村教育要求各地完善义务教育经费保障机制，积极稳妥解决乡村小规模学校问题，推动区域优质教育资源共享，扩大优质教育资源覆盖面。

面对乡村义务教育段学校发展乏力的突出短板，浙江选择依托互联网等信息技术优势，补齐"乡村弱"短板，推动城乡学校管理共进、教学共研、资源共享、信息互通、师生互动、差异互补，促进优质教育资源共建共享，让城乡孩子共享优质教育资源，推动城乡义务教育优质均衡发展，这也是实现乡村教育振兴的必然选择。

三、民生实事加快进程

进入2019年，"互联网＋义务教育"的推进速度更快、力度更大。1月，"全面推进'互联网＋义务教育'，推进1000所中小学校结对帮扶，让城乡孩子共享优质教育资源"被省政府列为2019年民生实事项目。3月，浙江省教育厅印发《"互联网＋义务教育"1000所中小学校结对帮扶民生实事工作方案》，分别对县域内、市域内和省域内的城乡学校结对提出具体要求，同时提出"分步走"计划：到2019年底实现乡村小规模学校结对帮扶全覆盖，到2021年实现全省所有乡村小学和乡村薄弱初中结对帮扶全覆盖。全省教育大会进一步明确要建设"互联网＋义务教育"示范区，并提出到2022年，全省所有义务教育学校全部实现"互联网＋"结对，结对学校"同师同法同培养"，推动城乡孩子共享优质教育资源。4月，"互联网＋义务教育"民生实事列入省政府督查考核项目……与此同时，浙江多个市、县（市、区）也将"互联网＋义务教育"纳入地方政府民生实事项目，"互联网＋义务教育"以最高规格、最大力度、最强支持在各地稳步推进。

于是在短短半年时间里，35对70所学校所开展的"城乡携手·同步课堂"试点工作，迅速扩展为1000所城乡中小学校结对帮扶民生实事工作，开启了不同层级、不同类型、不同维度的依托技术促进城乡教育优质均衡发展的群体探索，体现出"尽可能让城乡孩子共享优质教育资源"的质朴初心。

在完善顶层设计、做好谋篇布局的同时，浙江依据全省义务教育阶段学校地市情况，将1000所中小学校结对帮扶任务迅速分解到11个设区市。借助民生实事的东风，各地开展"互联网＋义务教育"所需要的外围环境与实施保障相继形成与建立，经市、县（市、区）教育局统筹组织结对和初审，省教育厅民生实事工作领导小组办公室审核,确定全省1515所义务教育学校结成803对帮扶对子,结对指标达成率151.5%,其中省域内结对学校114所,设区市域内结对学校226所,县域内城乡结对学校1175所,受援的乡村小规模学校达349所,实现了乡村小规模学校的全覆盖,理性的、多维度、多层次的实践探索全面铺开。

图3-1　东阳市巍山镇中心小学与虎鹿镇白溪小学、
　　　　四川省理县上孟小学的同步课堂教学现场

第二节 千校结对工作的策略与路径

"互联网＋义务教育"怎么开展？哪些课程适合采用同步课堂？如何提高教师利用互联网开展新型课堂教学的能力？如何破解同步课堂中师生间、生生间互动不足问题……当"互联网＋义务教育"浪潮袭来，新的问题也随之而来。但浙江没有退缩，而是坚持问题导向和以学生为中心，尊重教育规律和学生成长规律，逐步梳理出了推进"互联网＋义务教育"的六条路径。

一、以需求为导向，着重理念认知引导

浙江立足结对学校的实际需求，坚持公平与质量的价值向度，因地制宜地开展"互联网＋义务教育"结对帮扶工作。在这个过程中，浙江着重强化了两个方面的理念认知。其一，城乡结对帮扶，不是你强我弱，而是优势互补。结对双方需在有效梳理双方需求与优势的基础上，淡化城区学校单向"帮扶"与资源输出的狭隘认识，共商、共建、共享，形成务实有效的结对实施方案，推进常态化、长效性的城乡学校共同体建设。其二，"互联网＋义务教育"，不是简单相加，而是融合创新。在推进过程中需严格遵照教育规律和学生成长规律，正确处理教育技术应用效率与技术伦理之间的关系，处理好量与质、教学应用与技术支撑、线上与线下融合、面向学生与指向教师等问题，秉持"尊重师生首创、鼓励实践"的工作原则，鼓励、引导、推动各地各校创新实践。

二、强化顶层设计，谋求整体实施路径

根据《"互联网+义务教育"1000所中小学校结对帮扶民生实事工作方案》要求，浙江明确了"一个目标、两个阶段、三个层次、四种模式"的结对帮扶总框架。"一个目标"是全面推进"互联网+义务教育"；"两个阶段"是指到2019年，全省所有县（市、区）均参与结对帮扶工作，全省城乡义务教育学校结对帮扶达1000所以上，乡村小规模学校结对帮扶实现全覆盖；到2021年，全省所有乡村小学和乡村薄弱初中学校结对帮扶实现全覆盖；"三个层次"包括县域内城乡学校结对、设区市域内城乡学校结对和省域内城乡学校结对；"四种模式"分别是城乡同步课堂、远程专递课堂、教师网络研修和名师网络课堂。其中，结对形式以县域为主、层次丰富；帮扶形式以同步课堂为主、兼顾多元；年度帮扶任务进展顺利、成果丰硕，浙江"互联网+义务教育"边摸索边总结，形成了独具浙江特色的帮扶模式。为加强组织协调、强化工作机制，浙江省教育厅成立了以分管副厅长为组长的民生实事专项工作领导小组，负责项目的总体设计和统筹管理；全省各市、县（市、区）教育局也相应成立了专项工作领导小组，负责拟定实施工作方案，以明确政策制度、组织人员、考核指标、经费等相关保障机制，确保顺利完成任务。

三、建构政策体系，探索体制机制支撑

在之江汇教育广场"千校结对专项空间"中，全省各地开展网络结对帮扶的情况赫然在列，动态资讯、政策文件、进度月报、全省课表等信息一目了然。依托专项空间动态呈现项目推进过程和阶段成果，浙江以同构互联、异构对接和映射服务三种省、市、县互联互通模式，基本形成了覆盖各级各类教育的数字资源体系。这一切要归功于浙江在制度体系建设上的持续发力，相继发布了有关千校结对的技术指南、教研基本要求、任务完成认定和绩效评价细则等制度规程。以技术指南为例，浙江省教育技术中心明确提出城乡同步课堂等四种帮扶形式各需配备哪些设备，并对视频、音频、传输、控制、平台应用等技术指标提出了具体要求。如今，全省各结对校满足四种帮扶形式的技术环境

达标率为100％。为强化指导督导、加强过程监管，浙江还建立了民生实事实施月报制度和技术部门、教研部门联系市县调研制度，指导各地开展基于互联网的教学教研、优化技术环境等工作。

四、提升师资素养，推进多维专项培训

中小学教师，尤其是乡村学校教师的信息技术应用能力和信息素养，在很大程度上决定着"互联网＋义务教育"的整体质量与完成情况。为此，浙江采取了省级培训和区域培训双管齐下的方式。在省级层面，举办了"互联网＋义务教育"城乡学校结对帮扶工作动员暨专项培训视频会议、"互联网＋义务教育"城乡学校结对帮扶民生实事小规模学校教育信息化专项培训、"互联网＋义务教育"专项案例征集与培训等一系列省级培训。在区域层面，全省各地根据各自的实际情况与需求，纷纷开展多样化的专项培训活动。例如瑞安市开展"互联网＋义务教育"同步课堂信息技术应用能力培训，更多地着眼于同步课堂硬件介绍与使用注意事项、录播与互动操作详解、平台使用、教师常见问题解答等内容；而丽水市松阳县则通过开展"互联网＋义务教育"结对学校专项网络学习空间培训，聚焦之江汇教育广场学校空间与"千校结对"栏目建设，细化结对工作信息要求。

图3-2　富阳区富春第七小学与缙云县白竹小学的同步课堂教学现场

五、整合多方资源,携手推进网络结对

一是聚合好教育系统内部合力。加强教育系统内各部门的职能明晰与业务协同工作,加大之江汇教育广场的建设力度,强化教育行政、教科研、技术等多方面的统筹融合,有效筛选和梳理优质数字资源,建设"优质、精准"的新型数字资源体系,破解资源平台中资源内容涉及面广、专业审核要求高、资源应用的便捷性和精准度要求高等建设难点,提高服务学校师生的水平。二是运用好高校人才智库。聚智研究"互联网+义务教育"的浙江模式和区域推进策略,在课题实施、典型培育、过程诊断等方面发挥高校专家的智力引领作用,增强理论对实践的指导,丰厚实践对理论的内涵。三是整合好社会辅助力量。除进一步倡导和推进校企合作、公益捐助的良好生态外,还深入探索"公益+市场"的资源供给机制,吸引优质市场力量、在线教育科技企业投身在线教育课程建设与运营,扩大城乡学生对优质教育资源的选择面。

图3-3 龙游县实验小学与龙游县下库小学的英语外教同步课堂

六、优化教育治理，积淀持续发展动力

当前在推进的实践，还仅仅立足于课堂教学，以教学应用、教师研修为着力点，来推进城乡优质教育资源的共建共享，但"互联网＋义务教育"城乡学校结对帮扶绝不仅仅局限于此。接下来，浙江还将进一步推动全省"互联网＋义务教育"实验区的设点建设，发挥"先行先试，以点带面"的辐射带动作用，打造具有浙江特色的"互联网＋义务教育"城乡一体化发展的新生态。同时在"互联网＋义务教育"实验区基础上，适时筛选认定若干个"互联网＋义务教育"示范区，并努力将浙江建设成为全国性的"互联网＋义务教育"示范区。

第三节

千校结对工作的成效与挑战

由于尚缺乏成熟经验，在蓬勃发展的同时，浙江的"互联网＋义务教育"也不可避免地存在困惑、问题与不足。有的问题在摸索实践的过程中找到了应对之法，有的问题尚且没能形成相对有效的解决路径，仍需各地各校在今后的实践中再探索、再总结。

科学理性地推进"互联网＋义务教育"，要基于问题导向，聚焦促进教育优质均衡发展、教育现代化建设、教师专业能力提升、未来学校转型等问题，以"学共体"为契机，着力从三个维度推进理论研究和理性实践。

一、取得的成效

（一）百姓关注，社会反馈满意度高

绍兴市上虞区陈溪乡中心小学位于虞南山区，距离百官城区有40公里，全校仅有76名学生、12位教师。是当地乡镇小学中规模最小的学校。自从与上虞区实验小学组成"城乡互助发展共同体"以来，该校一改过去专任教师少、教研活动少、学习辅导少等窘况，山区孩子也能享受到优质资源和优质教育。一如绍兴市上虞区陈溪乡中心小学那样，实施"互联网＋义务教育"，让城乡孩子共享优质教育资源的实践在越来越多学校间发生，投射到民生实事的智慧督查体系中，无疑印证了"互联网＋义务教育"是当前老百姓极为关心、关注的实事。

现如今，点开浙江省政府服务平台"浙里办"App（应用程序）的子栏目

技术赋能教育均衡

"办得怎么样？由你说了算"公众评价项，动动手指就可以评价政府民生实事工作。自从开展以"最多跑一次"改革为典型代表的政府数字化转型以来，老百姓的公民意识被极大唤醒，参与社会治理和民生实事建言、评价等的积极性也格外高涨。其中，截至2019年12月，关注浏览"互联网＋义务教育"一项的人数超过400万人，评价人数超过58万人次，满意率高达99.7%。"超额完成""超高满意度""乡村小规模学校受援全覆盖"等数据成为浙江推进"互联网＋义务教育"过程中的闪亮注脚。

（二）因地制宜，涌现多样化创新典型

一直以来，浙江"互联网＋义务教育"工作都秉持着"尊重师生首创、鼓励实践"的原则，鼓励、引导、推动各地各校创新实践，工作中涌现出一批实践创新典型。

在区域层面，绍兴市柯桥区不仅大力推进"天天智慧课堂"平台建设，还构建了以"局长网上巡课"为龙头的一系列机制，极大地促动了城乡义务教育的一体化发展；桐乡市依托跨区域同步教学平台，由名师执教网络课堂、本地教师做课堂辅助，推进"一课两师"形式的结对帮扶，同时创建面向义务教育阶段学校师生的"桐乡互联网学校"，累计受益师生已超133万余人次；金华市浦江县则通过基于录播系统的区域一体化建设，推进"名师飞课"项目，创建以网络视频为传播媒体的远程互动教学课堂，为全县中小学师生提供了一个丰富的可视化学习交流平台。

在学校层面，开化县齐溪镇中心学校与绍兴市鲁迅小学教育集团结对后，围绕拓展性课程资源寻求共建共享。鲁迅小学教育集团有特色鲜明的"百草园"数字课程，齐溪镇中心学校的茶文化、钱江源文化拓展性课程也极具特色，两校通过"互联网＋"共享课程，实现了特色课程资源的互补应用；舟山市岱山县长涂中心小学是所离岛上的小规模学校，但因濒临海军基地，孩子们都会旗语，学校在获取本岛高亭中心小学资源的同时，也将特色旗语课程输出给对方；龙游县下库小学由于乡村小学英语学科师资短缺的问题，无法开设外教课，学校与龙游县实验小学结对，以同步课堂的形式将外教课引入学校，提升了英语学科的教学质量。

图 3-4 浦江县实验小学与浦江县檀溪镇中心小学的同步课堂教学现场

二、面临的挑战

"互联网＋义务教育"在浙江实施尚不足两年,对于绝大多数学校来说甚至只有一年的时间,许多工作仍处在摸索前行阶段。目前,经验不多、推进情况不一,且互联网等信息技术大环境建设还有待优化,针对"互联网＋义务教育"展开的指导评估也有待加强。"互联网＋义务教育"这个崭新的教育形态要想更加持续、深入、有效推进,还有较长的路要走。

(一)如何进一步提升技术支撑体验感和适用性

"屏幕一多不知该看哪块,到底用几块屏幕比较好?""偶尔会出现上课上到一半卡顿的现象。"受网络环境和信号稳定性等不确定因素的影响,同步课堂互动教学短时中断的现象也偶有发生,致使课堂教学的连贯性、持续性受到影响。由此可见,"互联网＋义务教育"城乡结对帮扶,网络与技术环境是基础,但基于教学应用的技术配置受各方客观因素的制约,我们还需要不断研究改善和持续优化,如梳理当前技术配置与应用需求间存在的差距与问题,研究破解问题的技术与应用解决方案,不断提升技术支撑力度,积极探索大数据、5G、人工智能、物联网、区块链等新技术的教学应用实践等。

（二）如何进一步提升资源共享常态化和有效性

由于学生存在个体差异，围绕"城乡同步课堂、远程专递课堂、教师网络研修、名师网络课堂"四种结对帮扶形式和"县域内、市域内、省域内"三个层级的结对类别，立足常态化、有效性和可持续性，需要深入研究城乡结对学校的差异与需求，有效开展教学教研协作，充分利用网络教学资源；需要研究推广不同学段、不同学科、不同教学内容网络结对适切形式，推广面向教师与面向学生的网络教与学有效模式，形成基于差异发展的不同层级结对运作体系。探索推进之江汇教育广场在城乡网络结对中的广泛、深度的建设与应用，着力针对义务教育阶段、对应学科教材目录体系，筛选和梳理优质资源，建设"优质、精准"的新型资源体系，开发和挖掘面向薄弱学校和小规模学校短缺的课程资源，形成数字化、网络化、智能化的教育资源支持和服务体系，满足师生多样化和个性化需求。

（三）如何进一步提升城乡协同发展的治理能力

"以后要想参加'互联网＋义务教育'支教，恐怕得竞争上岗了。"开化县不少中小学教师感叹说。让教师们，尤其是预备评职称的支教教师们如此兴奋的，是该县教育局出台的一份《支教教师参与"互联网＋义务教育"工作考核办法》。该办法是教师参与"互联网＋义务教育"结对活动的工作量折算、考核激励等的规范性文件。教师在所支教的乡村学校开设同步互动课堂，达成一定的开课量并通过考核，两年的乡村学校到岗支教年限就可以缩减为一年。

梳理全面推进"互联网＋教育"的核心要义，通过运用信息技术手段，探索基于技术的"学共体"建设机制，实现流程再造、数据共享，倒逼教育评价、教育方式、教育体制机制等方面的深刻变革。具体包括：研究和探索促进城乡义务教育优质均衡发展的政策体系，构建城乡义务教育一体化发展的体制和机制；实践和完善推进结对学校技术环境建设与优化、结对教师网上教学与线下交流的津补贴、结对学校师生互访管理与教学研讨等方面需要的经费保障体系；实践和形成结对学校捆绑考核、参与教师支教帮扶年限折算、结对帮扶学校专项评优评先等考核激励体系；探索和推进融合系统内外有利资源，携手共创"互联网＋义务教育"的社会协同推进体系。

（四）如何进一步助力教师专业发展与人才支撑

"培训为我们这样的山区教师打开了新世界，增长了我们的见识，同时也指明了'互联网＋'的方向，让我们不再迷茫……""互联网＋义务教育"乡村小规模学校教育信息化专项培训班结束后，缙云县三溪小学教师留下这样一段感言。

的确，"互联网＋义务教育"城乡同步课堂几乎颠覆了传统课堂的内容与形式，改变了传统教学的方法与节奏。教师不仅要顾好眼前的学生，还要兼顾屏幕远端的学生、助教等。这份兼顾也并不仅仅体现在课堂上，课前课后也同样需要。同步课堂对教师掌控课堂的能力提出了更高要求，这就要求执教教师在备课环节投入更多时间与精力，与结对学校的助教教师反复沟通，设计好课堂教学的内容、节奏与互动频率等。

屏幕可以让资源共享，但无法真正地让师生"零距离"，这是客观现实。在有限的技术支撑条件下，推进"互联网＋义务教育"，教师的信息技术应用能力、信息素养和网络环境下的教学调控能力是关键。全面推进"教师信息技术应用能力提升2.0工程"，探索城乡网络结对体系下，教师信息技术应用能力和信息素养提升的举措，研究和落实整校推进的教师信息素养培养培训机制，着力提升教师信息化教学能力；探索技术环境下教师专业能力提升策略，研究依托之江汇教育广场、网络研修平台、浙江省数字教育资源应用实践基地学校、名师网络工作室等载体的资源体系应用，助力城乡教师专业发展，为城乡义务教育一体化发展提供人才支撑。

第四章

技术赋能共享数字资源

城乡学校各有特色、互有短长,数字教育资源的应用不是单向输出,而是双向互动。城区校、优质校推动优质教育资源在乡村校、薄弱校落地与发展;乡村校、薄弱校也将鲜活的地域文化资源、优良的师生素养带给城区校、优质校。所以,基于互联网等信息技术的城乡学校结对帮扶,是资源共享、优势互补。

第一节
走进名校名师课堂

扩大名校资源辐射面、发挥名校教育影响力,让名师由"学校人"成为"区域人",让结对帮扶从表象形式走向深度融合,是乡村学校的最大期盼。

沐浴"互联网+"春风,畅游智慧教育之江

绍兴市鲁迅小学教育集团(以下简称"鲁小")作为一所以鲁迅先生名字命名的学校,一直以实践鲁迅先生"立人"教育思想为己任,聚焦学生核心素养培育,深化课程改革,完善课程设置,不断提升学校教育信息化装备水平和教师信息技术应用能力,给学生提供丰富的教育选择,同时也进一步提升了学校办学的知名度与美誉度。学校先后被评为首批全国文明校园、全国中小学现代教育技术实验学校、教育部教育信息化试点优秀单位、浙江省数字校园示范学校等。

衢州市开化县齐溪镇中心小学(以下简称"齐溪镇中心小学")地处浙、赣、皖三省交界处,全校共6个班级,118名学生,其中包括84名留守儿童,是一所典型的农村小规模学校。由于学校规模较小,教师数量有限,很多教师身兼多门学科的教学任务,保质保量地开好所有国家课程、提供丰富的拓展课程是该校需要面对的重要挑战。"春晓计划"的实施,让地处钱江下游的鲁小与300公里外地处钱江源头的齐溪镇中心小学牵起手来,借着"互联网+义务教育"的春风,在5G技术的支撑下,两校师生在课堂内外牵手,促进优质教育资源共建共享,推动城乡优质教育均衡发展。

一、互动课堂,传递名师的教学智慧

一天上午,齐溪镇中心小学三年级的小汪同学和班里其他十几位同学早早

地来到了录播教室，期待着开启一段快乐英语学习之旅。这是小汪同学与来自鲁小的全国英语优质课获得者许瑾老师在网上的第二次见面了。小汪同学与许老师第一次"邂逅"于英语绘本阅读课上，角色扮演、情景模拟，让小汪同学觉得原来英语课可以上得这么生

图4-1　许瑾老师执教英语同步课

动、活泼。而这次课上，许老师设计的互动游戏，让小汪同学在课堂上有机会带着自己的"队友"与远方鲁小的同学进行切磋，一展自己英语学习小能手的风采，这可是一件令人特别自豪的事。课后许老师谈到，为了上好这样的同步课，她提前向齐溪镇中心小学的老师了解那里孩子们的学习基础、教学进度、个性特点等信息，然后结合这些信息多次修正教学方案。如何让两地孩子充分互动、如何兼顾好两地孩子的学习基础……许老师花了很多的心思，最后在齐溪镇中心小学张老师的默契配合下，两地孩子在课堂上都交到了新的朋友，享受到了英语学习的乐趣。齐溪镇中心小学担任课堂助教工作的张老师谈到，自己作为一名从教时间不长的年轻教师，主任数学教学，兼任英语教学，通过与许老师的合作，收获了很多英语课堂教学的经验，并希望许老师能成为自己今后专业成长的引路人。其实受益的不仅仅是双方学校直接参与的师生，许老师的课还通过直录播设备在区级智慧教育云平台上进行了高清直播，她领衔的学科新秀工作室的成员们和越城区的所有英语教师在各自学校都同步观摩了课堂实况。鲁小共有20余名像许老师这样的名师参与到了"互联网＋义务教育"的教学实践中，覆盖了语文、数学、英语、科学、音乐、美术等各个学科，更有王慧琴网络名师工作室网聚各地优质师资，提供强力智力支援。

二、云端平台，共享优质的课程资源

齐溪镇中心小学五（1）班与鲁小和畅堂校区五（4）班是友谊班级，两个

技术赋能教育均衡

图4-2 与结对学校组织同步班会课

班级的孩子们也都结成对子,借助互联网技术与书信沟通结下了深情厚谊。2019年9月25日,两班师生在同步课堂专用教室组织了一堂同步班会课,共同纪念鲁迅先生138周年诞辰。班会课上,以鲁小的"百草园"数字课程"跟着小鲁迅学对课"为线索,双方展开了一场互不相让的"对对子"的"较量"。"'寒尽桃花嫩'对'春归（　）新',我觉得这题对'柳叶'最好。"听到齐溪镇中心小学同学的答案,鲁小同学满堂喝彩,却也不甘示弱,"老师,'柳叶'固然好,但我觉得对'柳枝'更贴切。"到了抢答题环节,双方更是你来我往,频频举手抢答,好不热闹。课后,双方学生还相互展示了才艺,模仿孔乙己、唱越剧、画兰花……齐溪镇中心小学的孩子们能在这同步班会课上有如此精彩的表现,得益于鲁小"百草园"数字课程系列在该校的落地、生长。鲁小在"百草园"数字课程平台建设之初就充分考虑了与结对学校共享课程资源,为结对学校的学生预留了与鲁小学生相同权限的学习账号,并通过鲁迅小学微信公众号开放了数字课程的手机登录使用功能,齐溪镇中心小学的同学在平板上登录自己的账号,就能与鲁小的同学一样在上线的近80门课程中根据兴趣爱好自主选课、观看微课视频、获得学习勋章,鲁小课程开发教师负责在线答疑解惑。

三、融通文化,构建共赢的帮扶关系

早在2019年6月5日,鲁小五(4)班的孩子们就与齐溪镇中心小学五年级的小伙伴们有过一次难忘的课堂互动。鲁小的孩子们坐在同步课堂教室里,戴着VR眼镜"走进"了齐溪镇中心小学的茶文化拓展课堂中。齐溪镇中心小学的师生借助5G技术与360度全景摄像设备进行现场演示,介绍了采茶、制茶、品茶的技艺与知识,令只熟悉城市生活的鲁小孩子们大开眼界。鲁迅先生在《少年闰土》一文中写道:"闰土的心里有无穷无尽的稀奇的事,都是我往常的朋友所不知道的。"对于鲁小的学生们来说,齐溪镇中心小学的小伙伴们正是那生活在奇趣世界里的"闰土们",课堂上他们无所不谈,课堂外期待互访。齐溪镇中心小学虽是一所农村小规模学校,但其

图4-3 学生使用VR眼镜学习结对学校茶艺课程

立足乡村实际,精心建设兰馨苑、茶艺馆等实践基地,着力研究开发茶文化等"绿色课程",对绍兴学生实现了课程资源的"反哺"。

在与结对学校的课程资源分享与课堂教学交流中,两所学校不是单向输出关系而是平等互促关系。结对学校迥异的生源构成、地域特点、文化特色,让作为支援方——鲁小的师生们看到了更为广袤丰沃的教育资源。同时,鲁小也将依托丰富的数字课程开发经验,积极主动地帮助齐溪镇中心小学完成校本特色课程的数字化,并把结对学校的特色课程纳入鲁小自己的"百草园"数字课程之中,促进结对学校双方教师现代教育技术应用能力的进一步提升,促进双方学校课程建设的进一步完善。

一个人可以走得很快,但一群人可以走得很远。"互联网+义务教育"让鲁小与齐溪镇中心小学携手走上了教育信息化发展的快车道,为两校孩子们打开了一扇能窥见世界与未来的窗,也为两校教师的专业成长插上了一对隐形而有力的翅膀。

绍兴市鲁迅小学教育集团

(执笔人:童 侠)

扫码观看视频

技术赋能教育均衡

时空连线，均衡教育

2019年4月12日上午，宁波市惠贞书院（以下简称"惠贞书院"）的智慧教室中正在进行一堂语文阅读指导课。三所学校的三个班级通过屏幕紧密联系起来，共上一堂课。这时教师出示了一道选择题，屏幕内外三个班级的学生同时拿起遥控器做出选择。眼前的学生与屏幕那端学生的学习情况被迅速呈现在教师的电脑屏幕上，教师根据数据结果继续开展有针对性的教学，屏幕两端的学生互相交流意见和想法，分享学习成果……

40分钟转瞬即逝，惠贞书院的学生久久不愿离开教室，不仅因为在课堂中新结识了同龄小伙伴，还因为他们对这种新型学习方式的喜爱："高科技把我们和宁波市修人学校（以下简称"修人"）、宁波市江北区灵峰学校（以下简称"灵峰"）的同学联系在了一起，仿佛是一个班级一样。我真期待下周的视频互动课。"同样，修人和灵峰的学生也正在对着他们的语文老师叽叽喳喳："我最喜欢的还是按遥控器的时候，因为我能第一时间把自己的想法告诉别人。这样的学习真有趣。"学生们的眼神中满是兴奋和期盼！

这是惠贞书院和修人、灵峰三方第一次远距同步互动的情形。惠贞书院位于宁波市区，学校信息化设备先进、教学资源丰富、师资力量雄厚，学生学业水平在区域内名列前茅；修人是一所地处江北偏远地区的农村完小；灵峰坐落于江北郊区，是一所以招收外来务工子女为主的民办学校。后两所学校缺乏优质师资力量，学生的学业水平相对较弱。

惠贞书院在与修人合作开展远距教学的基础上，与修人、灵峰组织"以一带二"的"城乡携手·同步课堂"，实现三方师生异地同步学习，从而缩小城乡差距，推动教育均衡发展。

一、优师率行，助推扩展

作为一种新型的教学方式，远距同步互动智慧教学在技术应用、学习任务设计、课堂互动等方面与普通的教学方式不同。每学期初，三所学校组织骨干教师全面规划新学期的远距活动，大到课程内容的设置和参与的年级、班级、授课教师的选择，小到课表作息的安排，都进行了细致的规划。

图4-4　同步课堂上学生积极互动

二、资源共融，架构课程

三所学校充分发挥各自优势，挖掘潜在资源，共同架构起内容统一、形式多样、过程丰富、全员协同的多元课程框架。这些课程包括"智慧双语阅读""数学思维建模"等，每周定时定年级实施。

【课程目标】运用科技优势打破时空限制，引领学生亲近阅读，习得阅读策略，培养学生理解、评析、表达、沟通能力。

【课程内容】以略读课文、选学课文为主，适当拓展文本。

【课程模式】个体阅读记录成长 → 团队交流同伴互学 → 远距分享汇整成果 → 递交成果总结收获

【课程评价】问卷调查、阶段性阅读能力评估、期末学业评估。

【课程目标】运用科技优势打破区间限制，引领学生亲近阅读，习得阅读策略，提高英语阅读能力。

【课程内容】基于《牛津英语阅读系列（4A）》课本教学内容，挑选 Reading A-Z 系列读物中的 E 级、F 级图书作为补充，进行课外拓展阅读。

【课程模式】 远距共读分享智慧 → 个体阅读记录成长 → 总结收获鉴定等级

【课程评价】阶段性阅读能力评估。

【课程目标】运用技术优势通过同步教学有步骤地渗透数学思想，培养学生的数学思维能力，激发学生学习数学的兴趣，形成良好的数学学习习惯。

【课程内容】以"数学广角"为主，适当拓展数与代数相关内容。

【课程模式】 课堂前测了解学情 → 情境分析问题研讨 → 远距分享梳理建模 → 随堂检测跟进教学 → 反思评价总结收获

【课程评价】随堂检测、阶段学习状态评估、单元学业评估。

图 4-5 "智慧双语阅读""数学思维建模"课程框架图

三、多维拓展，精进提升

为将同步课堂的效益发挥到最大，惠及更多的学生和教师，学校推出了相对"线上"同步学习的"线下"交流互访；相对"同步课堂"的教师"同步研训"活动。在同步课堂中学习合作出色的学生可以到对方学校感受校园文化，深入结对班级与对方学生共同学习生活。教师"同步研训"的形式有很多种，有针对同步课堂当堂教学的研修、开展主题式教研的远距研修、远距观课互评研修等，三所学校的教师利用远距技术进行跨校活动，从而建立起"专业共识"。

四、扩大队伍，区域辐射

惠贞书院最初只有一个年级开设同步课堂，现在拓展到四个年级。同时，在惠贞书院、修人的影响下，近两年来江北区远距联盟又添多名新成员，宁波市江北中心小学、江北区费市小学、宁波市江北区洪塘镇裘市小学、江北区第二实验小学纷纷加入远距同步互动智慧教学，针对小古文拓展课、数学思维课等特色课程进行远距交流，打造教研共同体。从一校对一校扩展到一校对多校，逐步建构起远距互动教学社区和智慧联盟，最大限度地发挥优质资源的作用。

远距同步互动智慧教学已呈现出令人欣喜的成效。杭州师范大学杨俊峰教授及其带领的智慧学习研究团队对参与远距同步互动智慧教学的学生从课堂效率、课堂交互、教学环境、任务取向、课件制作等五个维度进行了调研。

调研发现，远距同步互动智慧教学能持续激发学生的学习兴趣。屏幕两端学生都喜欢远距同步互动课堂，并且能够从中愉悦、高效地获得知识。参与调研的孩子们都表示：能清晰地看到屏幕上的课件内容；能清晰流畅地看到对方班级同学的动态影像；能清晰地听到教师讲课的声音和对方班级同学回答问题的声音。舒适的学习环境提高了学生的兴趣。课堂效率维度指标显示，远距同步互动智慧教学提高了偏远地区学生的学习兴趣，提升了他们的学习效率。

调研显示，远距同步互动智慧教学还能逐步提升学生的学习能力和学业成绩。调研团队比较了修人与对照组 F 小学的语文学科成绩变化情况。修人在开展了远距同步互动智慧教学之后，学生的平均成绩有了较大幅度的提升。

此外，远距同步互动智慧教学增加了远端学生之间交流和讨论的时间，使得远端学生能更方便地与同班同学、对方班级同学分享学习成果，有较强的"获得感"。通过教师与学生、学生与学生、班级与班级、学校与学校之间进行多维互动，学生在学习能力、学习习惯、学习状态等方面相互影响，学生的学习品质得到提高。

惠贞书院积累了不少优质的专业资源，如外聘的专家团队、教授会定期来校指导，这极大地拓展了修人教师的专业视野。而修人根据自身得天独厚的地域优势开设起来的课程，如"茶道""书法""花样跳绳"等，也同样开拓了惠贞书院教师的课程视野和专业视野。三所学校汇聚"最强优势"，取长补短、互利共赢、共谋发展、共襄进步。

此外，多元课程的建设已成三所学校的新亮点，逐步形成了共享、互补、融合的研修氛围，最大限度地实现了教师专业知识结构的更新，引领教师逐步成为"学习项目的设计者""学习数据的解读者""教学差异的决策者"。三所学校走出了一条切实可行、低成本、高效益的实现教育均衡发展的路径，为其他学校提供了实现教育均衡发展的范式。

同步课堂最明显的特征便是：实现两个到三个知识和能力水平相差较大的班级的混合教学，而这种混合大班教学模式给教师教学带来极大挑战。如何开展更为合理的同步教学，架构起课堂教学模式，让所有学生在学习中都有收益、有提升、有发展是必须要破解的教学难点。教师在制定目标时，要考虑学生间的能力差异，探索适合大多数学生的教学方式，建立相对固定的同步课堂教学模式。

同步课堂不仅仅是学的同步，更需要双方教师教的同步，所以双方教师需要高契合度地配合。如分组研讨时能够适时指点，课后作业能够及时反馈，都需要双方教师在课前互通有无，达成一致，才能最大程度提升课堂实效。

目前，远距同步互动智慧教学正有条不紊地向前推进。相信在信息技术的支持下，实现教育均衡发展、共同发展、分类发展将不再遥远！

宁波市惠贞书院
（执笔人：王　霞　郑　颖　孟晓宁）

扫码观看视频

第二节

补齐乡村教学短板

发挥城区学校优势，协助乡村学校开齐开足综合性、拓展性课程，以技术为支撑补足乡村学校综合性学科专任教师缺口，让"五育并举"真正在乡村学校落地。

千里"英语"一线牵

下课了，同学们有的兴奋地冲出教室，有的正在整理下一节课要用的课本文具，有的正在愉悦地聊着天。

"Do you like Max?" "Yes, he is so funny." "Look, I am jumping." 听了同学们的谈话，你会不会觉得这是一所国际化的学校呢？其实这些孩子都是萧山区盈丰小学（以下简称"盈丰小学"）503班的学生，他们正在练习刚刚英语课堂上学习的句子。他们口中的Max是他们英语同步课堂上的一位外教老师。

那么盈丰小学的同步课堂是怎样的呢？让我们去一探究竟。

一、初"恋"：得遇机缘，两校牵手

盈丰小学坐落于萧山区宁围街道，紧邻萧山城市新区，处于城乡接合部。宁围街道西接滨江区，北临钱塘江，与钱江新城隔江相望，是国家级萧山经济技术开发区坐落地，因此外来务工人员较多。盈丰小学接纳了不少外来务工人员的子女，他们的父母大多忙于工作，往往无暇顾及他们。这些学生知识和能力的提升主要依靠学校。

作为北干教育集团中心学校的萧山区北干小学（以下简称"北干小学"），是萧山区教育局指定的外教定点学校。北干小学一至四年级学生每周都有外教

课。为了提升学生的口语水平，学校还自聘外教人员增设英语口语课。同时，北干小学也是盈丰小学的"互联网＋义务教育"帮扶结对学校。通过前期调研，北干小学发现盈丰小学在英语口语教学方面资源欠缺。

2016年G20杭州峰会的主会场在宁围街道，2022年亚运会的主战场也在宁围街道。为了抓住这个重要战略机遇，同时帮助结对学校，提升盈丰小学基础教育国际化，提升学生的口语能力，让学生足不出户就能享受外教资源，北干小学和盈丰小学决定两校牵手，依托互联网共同打造外教同步课堂。

二、相"知"：师生共践，玩转课堂

1. 聚沙成塔，热情学习口语。为了能够打造高质量的同步课堂，两校以微格教室作为同步课堂教室，借助之江汇教育广场，让同步课堂正常运行。

看，课堂上外教Max老师正在风趣地讲授英语口语课。他面对的不是北干小学的学生，而是大屏幕那端盈丰小学的学生。初次接触外教课堂的盈丰孩子，热情满满，一个个专注地盯着屏幕中的Max老师，似乎Max老师就站在他们的面前。只见Max老师在黑板上画了一幅自画像，好奇的学生纷纷向Max提问："What's your name？""Where are you from？""What would you like？""Can you dance？"课堂上，学生们的表达热情越来越高，Max老师也在与学生们轻松愉悦的交流中，纠正他们不标准的口音，规范他们不地道的表达。Max老师自然引出当天的教学内容：元音字母的发音。Max老师通过播放动画，引导学生自主发现元音字母的发音技巧，并安排了有趣的小游戏帮助巩固技巧。

这堂口语课能大获成功，得益于两校英语组、信息技术组教师的大力支持。依托远程直播同步显示技术，盈丰小学的学生仿佛置身于外教Max老师的课堂现场：大屏幕上生动的课件、清晰的板书、Max老师夸张的肢体语言、地道的英语表达……盈丰小学的学生完全沉浸在英语口语学习的欢乐氛围中。

2. 高屋建瓴，激情学习语法。如果说学语言就像造房子，词汇就是建筑材料，语法就是把这些建筑材料按照一定的结构有规律地组合起来。盈丰小学五年级的学生已有两年英语学习经历，掌握了一定的常用词汇和常用句型。两校英语教研组经过详细备课、磨课，为两校学生搭建网络平台，积极玩转"语法"。

有了之前同步课堂的实践经验，此次课堂开展得非常顺利。技术组教师早早为同步课堂调试了设备，并登录之江汇教育广场导入教学资源，为同步课堂做好准备。值得一提的是本次课堂不仅有盈丰小学的学生，也有北干小学的学生。课堂上，北干小学502班的学生和盈丰小学503班的学生互相亲切地打招呼。随后Max老师给大家带来了一首欢快的英语歌曲。通过学唱歌曲，学生们很快了解了本课的内容：现在进行时。Max老师又运用竞赛方式大大点燃了孩子们的参与激情，两校学生你一言我一语，沉浸在语法的乐园里。

3. 私人定制，动情开展实践。2018年9月3日，亚运会正式进入杭州时间。拥有杭州亚运会"三馆一村"（"三馆"指杭州奥体中心主体育馆、游泳馆、综合训练馆，"一村"指亚运村）的宁围街道，当之无愧成为亚运会的主战场。盈丰小学希望提升学生的口语交际能力，让他们成为亚运会"小小志愿者"。外教同步课堂专门为盈丰小学六年级学生"量身定做"了亚运小课堂，主要介绍"My hometown""Asking for directions""Transportation"等知识。在同步课堂上，Max老师充分利用全球定位系统让学生身临其境地运用所学知识来指路。

三、相"约"：心怀梦想，上下求索

随着国际交流加强，英语口语教育也受到了更多的关注。但农村学校的学生因为先天环境缺乏口语训练的机会，像盈丰小学地处国家级萧山经济技术开发区，英语口语教育仍有欠缺。

外教同步课堂的实施，打破了传统英语授课模式，让学生足不出户就可以享受优质外教资源。依托互联网，师生结对，生生参与，共享国际化教育。这样的课堂给学生带来了一种全新的体验，极大增强了他们学习英语的兴趣，让他们愿说、爱说、乐说。在外教同步课堂的探索道路上，我们将不断创新，不断进取……

萧山区北干小学

（执笔人：韩梦姣　戴建江）

技术支撑路径：

针对北干小学同步课堂的实际要求，运用教学音视频技术与睿智云教学系统，以软硬件集合的方式，满足城乡同步课堂、远程专递课堂、教师网络研修、名师网络课堂4种形式的要求。

- **构建优质教学资源均衡共享模式**

实现优质教学资源的汇聚，构建基于互联网的优质教学资源共建共享模式，进一步促进资源均衡，开展同步课堂、网络课堂、名师课堂、专递课堂、公开直播、网络评课等教学活动。

- **贯穿课前、课中、课后教学全环节，突显同步课堂特色**

睿智云教学系统可有效实现：结对两校的校本资源共建、课堂内容异地同步展现与点评、课后异地同步作业、跟进同步课堂课后的效果。

- **异地同步教学教研，提升教师教学技能**

通过同步教研、评课、评审、观摩等教学教研活动，有效促进教师专业发展，提高教师教学水平和能力。

图4-6　同步课堂应用

浙江睿智教育信息咨询股份有限公司

扫码观看视频

牵手云端，共享一片教育蓝天

"阔野丰禾兴绿浪，长河缓桨荡清波。"如画般的浙西高山村庄开化县长虹乡既是红色圣地，也是诗画乡村。只需寻一处角落，看着溪水静静地流淌，就能让人忘却时光。在这里，容易让人忘却的还有留在山里的孩子们。长虹乡虹军小学（以下简称"虹军小学"）只有58名学生，几乎全是留守儿童。没有兴趣班，没有拓展课程，更没有专职的体艺教师。可大山里的孩子对未来同样充满期待，同样拥有美好的梦想……

距此370公里外的浙北，同样有着红色基因的桐乡市濮院小学教育集团毛衫城小学（以下简称"毛衫城小学"）在《浙江省人民政府办公厅关于开展第四轮教育对口支援工作的实施意见》《"互联网＋义务教育"1000所中小学校结对帮扶民生实事工作方案》指导下，与之结成了省域结对帮扶学校，促进两校管理共进、教学共研、资源共享、差异互补。

毛衫城小学和虹军小学在"互联网＋义务教育"的环境下，为了那58名孩子的美好梦想，有计划地通过空中连线，开展远程同步课堂的尝试和探索。

一、空中连线，抱团筑梦

空中连线，距离不是问题，但教育的差异需在课堂同步之前先行同步。毛衫城小学教师平时备课采用的是基于交互式一体机及网络环境为载体的EN5备授课一体模式，但虹军小学的教师并没有接触过这一款软件。针对这一情况，毛衫城小学制作了信息化互动教学案例培训系列微课以及电子书分享给虹军小学。虹军小学的教师利用上课之余等碎片化时间，通过看微课、读案例等个性化学习来了解互动教学的设计与实施。

在前期"案例通识"培训的基础上，毛衫城小学的音美专职教师与虹军小学的音美任课教师按学科一一对应组建了基于"同质促进、异质互补"的教研共同体，开展联合教研，有针对性地进行课前预设与课堂实施的操作交流，以更专业的视角,更有针对性地进行学科互动,为同步课堂的顺利开展奠定了坚实的教学基础。

图4-7　毛衫城小学与虹军小学两校教师同步研修

与此同时,虹军小学的教师获邀登录毛衫城小学的校本平台,随时共享毛衫城小学所有学科的备课资源。

教师之间的点对点交流更多是通过微信和QQ。不受时间不受地域的空中连线,将两地素未谋面的教师紧紧地联系在一起,完成了教研共同体的集体式交流和教师间个别帮扶交流。

从此,两所学校的教师可以随时随地畅通无阻地沟通学情,交流教学设计,碰撞教学火花,分享教育资源。

两地教师为了同一个目标,在空中筑起了圆梦的桥梁。

二、云端同步,牵手圆梦

一个普通的摄像头,一台普通的拾音器,一块课堂显示大屏,基于桐乡市互联网学校"云端"平台,两校开启了音乐和美术学科"一课两地"的同步课堂。毛衫城小学的教师通过"云端"牵起58名留守儿童的小手,迈开圆梦的脚步……

课前同步备课。在每一堂同步课堂开始之前,毛衫城小学的音美专职教师都会提前一周通过学校的平台,把上课计划以及课件分享给虹军小学的教师。虹军小学的教师收到课件后,根据自己学生的实际情况对毛衫城小学教师前期的课件进行调整,提出包括教学目标、教学方法在内的修改意见。

两边教师还会通过视频通话、在线讨论等方式反复修改教学流程及环节,直到找到教材知识点与两校学生学情的"最佳"结合点,才会结束备课。

课堂即时互动。同步课堂上,作为主讲教师,毛衫城小学的音美专职教师心系两地,眼观双方,既注意眼前课堂上毛衫城小学的学生反馈,也关注大屏幕中正在同步上课的虹军小学学生的课堂反应。

为了更好地兼顾两个班的学生,尽可能地避免"顾此失彼",虹军小学的教师特地为学生制作了姓名牌,提升了主讲教师与学生隔屏交流的效率与精准性,实现点对点师生互动。课堂上,虹军小学的助教教师随时用手机迅速而准确地上传学生的作业,以方便主讲教师及时地了解虹军小学学生的操作情况……

图4-8 虹军小学的学生隔屏上美术课

虹军小学的学生通过大屏幕与远在几百公里外的毛衫城小学的教师在课堂上实时互动,无缝享受着美术与音乐的专业课堂"实景"教学,真正实现了教学资源的"实时共享、互动共享"。

在交流反馈环节，毛衫城小学的主讲教师尽量给予虹军小学的学生更多的参与机会和表达机会，看着屏幕里举起的小手越来越多，隔屏发言的学生表达越来越清晰、越来越自信，教师看在眼里、喜在心里。

当370多公里变成了"一屏之隔"，毛衫城小学的周同学说："这样的课堂很有趣，以前我们从来没有和其他学校的同学一起上同一节课，现在我从课堂上认识了很多新朋友，知道了跟我一样年纪的虹军小学的同学们是怎么学习的，我们可以互相学习，分享学习成果。"虹军小学的李同学说："我通过大屏幕认识了美丽的缪老师，她带着我们玩游戏，画动漫，我长大也要像她一样当一名美术老师……"

课后反馈提升。下课铃响，两校教师的交流却并未结束。每上完一堂课，双方教师总会花上几分钟反馈今天的课堂感受、学生的学习状态以及学习成果，然后根据两校学生在课堂上的表现来反思课堂教学实施的有效性、科学性，进而改进下一堂课的教学设计。

三、多端携手，梦想飞扬

"我们毛衫城小学来回答！""我们虹军小学这边来回答……"一声声迫不及待的抢答声从毛衫城小学的美术专用教室里传出来。

此时，毛衫城小学的学生正通过屏幕和虹军小学的学生进行"夸张表情"的比拼呢！毛衫城小学的美术老师缪老师和虹军小学的吴老师正在上二年级美术同步课堂"动漫宝宝"一课。通过对一张张动漫图片的观察，两所学校的学生对动漫制作有了初步的认识和理解。在交流中打开学生的思维认识之门，通过鉴赏和分析，循序渐进地指导学生进行创作活动，通过作品展示互相学习。

通过同步课堂，两地学生在同一时间的不同地点共同享受了优秀教师的精彩授课。两地教师也通过实时交流，共享了授课教师的教学智慧与教育思想。

这样的异地同步课堂已经成为毛衫城小学和虹军小学之间的常态化课堂。毛衫城小学通过这样的方式解决了虹军小学的师资短缺问题，真正做到了教学共研、资源共享、信息互通、师生互动、差异互补，推动了城乡义务教育优质均衡发展。

两校学生年龄相仿，兴趣相同，拥有同样的梦想和希望，同步课堂为他们的梦想插上了翅膀。

通过同步课堂的实践与探索，我们看到"互联网+"给教育带来的巨大变革，更看到了实现资源共享教育均衡的新方法、新举措。

展望未来，不仅毛衫城小学和虹军小学两地学生同步梦想，两地学校也将同步教育资源，同步教育技术；两校教师也将同步教学思想，同步教学理念。

我们将继续牵手云端，不断创新方法，拓展思路，共享一片教育蓝天！

桐乡市濮院小学教育集团毛衫城小学

（执笔人：沈　娟）

扫码观看视频

第三节
反哺差异特色课程

发挥乡村学校优势，向城区学校反向共享地域、文化等特色资源与课程，促进城乡学校间差异化共同发展，变单向输出为双向互补。

在同步课堂上，我们一起学书法

"哦——今天我们又可以学书法啦！"2019年秋季开学不久，在周二的社团课前，杭州市求是教育集团竞舟小学（以下简称"竞舟小学"）书法社团的同学们，捧着练习本和文具盒，蹦蹦跳跳地走进书法教室，准备通过互联网在同步课堂上接受共同体学校杭州市周浦小学书法老师的指导，进行硬笔书法的学习。这是他们第二次参加这样的社团学习。

竞舟小学是一所城区学校，教育教学等各方面都比较优秀，办学水平在杭州市西湖区内位于前列，属于区域名校；杭州市周浦小学是西湖区最偏远的小学，地处双浦镇周家埭村，由于历史、地理原因，办学力量相对薄弱。四年前，在区教育局的统筹规划下，周浦小学校长由竞舟小学校长周爱芬兼任，结为紧密型教育共同体，意在就学校文化建设、教育教学、师生培养等方面，统一管理，增进交流，更快、更好地提升薄弱学校的办学水平。

通过四年多的实践，周浦小学在很多方面有了起色，特别在教科研方面，实现了大跨越。但是，由于师资的限制、两校又相隔较远的因素，部分交流学习还是受到限制。2019年，根据浙江省教育厅《"互联网＋义务教育"1000所中小学校结对帮扶民生实事工作方案》和市、区教育局相关工作要求，依托互联网等信息技术优势，创新学校结对帮扶机制，促进优质教育资源共建共享，竞舟小学与周浦小学进行了"互联网＋义务教育"区域内城乡结对。在对口支援帮扶上，"互联网＋义务教育"克服了地域、时间方面的限制，是教育局在进一步完善"紧密型教育共同体"的基础上，开发与利用适合小学的延伸资源、扩大优质教育辐射面、推动城乡义务教育优质均衡发展的又一举措。

在不到一年的时间里，两校基于"互联网＋义务教育"的同步课堂，紧守教学主阵地，在语文、数学、英语、科学等学科教学上开展了丰富多彩的活动，周浦小学引进了竞舟小学的名师课堂，周浦小学的学生能直接接受名师的指导。德育方面，两校少先队在同步课堂中开展了"面对面寄贺卡"活动，两校学生在屏幕前送祝福、交朋友，既增进了友谊，又提高了社交能力……

然而，正如俗话所说，"尺有所短，寸有所长"，在几年的共同体交流学习中，学校领导和教师都发现：名校也有短板，薄弱学校也并不是一无所长。

《教育部关于中小学开展书法教育的意见》和《中小学书法教育指导纲要》中，提出通过书法教育对中小学生进行书写基本技能的培养和书法艺术欣赏，是传承中华民族优秀文化，培养爱国情怀的重要途径。竞舟小学因缺乏具有专业能力的书法教师，而使书法教育进课堂工作受阻。而周浦小学所处的周浦地区，很早被称为"书法之乡"，2001年周浦小学被确定为浙江省书法教育研究会实验学校。多年来，周浦小学在书法课程建设、课堂教学、社团辅导等方面稳步推进，书法特色教育在区域内已小有名气。怎么借周浦小学的特长让竞舟小学的学生也能感受书法的魅力，这是校长一直在考虑的问题。由于师资配备有限和相隔路程较远等问题，目前还无法实现书法教师走校教学。而"互联网＋义务教育"让两校共享优质资源成为可能。

2019年5月的一天，周浦小学书法教师支海东，首次尝试通过同步课堂给竞舟小学书法社团的同学们上了一次以"间架结构"为主题的硬笔书法课。两校学生都被这种新奇的教学方式吸引了，兴趣大增，课上大胆交流，认真练习。在支老师的指导下，同学们的书法都有了不小的进步。

2019年秋季开学不久，周浦小学书法教师翁华勇又隔空对竞舟小学书法社团的同学们进行了一次硬笔书法的指导。课前，翁老师先通过电话给同学们布置了一次摸底作业，然后请竞舟小学的协助老师把作业拍照后传给自己。翁老师了解到同学们的书法基础后，决定从最基本的笔画开始指导，执教"书法妙道，神采为上——写好笔画"一课，这也是周浦小学书法社团的学习内容。翁老师从社团同学的摸底作业入手，引导学生"鉴一鉴"——评析这些字的优劣并说明理由,两校学生都积极发言。翁老师在此基础上再引出课题——书法学习的基本功——写好笔画。翁老师边讲解边示范,优美的笔画、流畅的书写,赢得了同学们的啧啧称赞。接着翁老师请同学们自己尝试书写。学生认真练习,积极交流,最后互相展示作业。翁老师表扬了优秀作业,也对不足之处提出了改进建议。同学们在翁老师的指导下,书写水平有了明显的提升。

图4-9　教师讲解知识要点

"互联网+义务教育"的同步课堂,通过新技术激发学习内驱力,支持学生开展自主、合作、探究式学习,改变了传统的单一的教学模式。新颖的授课方式让学生拓宽了视野,增加了互动,从而调动了学习的积极性,教学效果明显提高。"互联网+义务教育"这一教育新形式的出现,不仅让相对偏远的薄弱学校乘上信息技术的东风,在较短时间内缩短与先进学校的差距,还让薄弱学校凭借自己的特长优势反哺结对名校,实现优质资源共享,使城乡各类学校互联互通,互补共长,从而推进义务教育优质均衡发展。

杭州市周浦小学
(执笔人:翁华勇)

扫码观看视频

跨越时空，共促成长

"各位同学大家好，欢迎大家来到稽东镇冢斜村。我是你们的小导游叶雅兰，下面将由我和我的小伙伴们带领大家，一起参观我们的冢斜村……"这是哪所学校的同学们在进行综合实践活动吗？不是的，这是柯桥区稽东镇中心小学稽江完小（以下简称"稽江完小"）的同学们正在共享一堂与众不同的同步课堂。为什么与众不同呢？因为一般意义上的同步课堂都是由城区学校的优秀教师，把优质的课堂教学带给农村小学的学生。这堂课却不是由城里小学的优秀教师给农村小学的学生授课，甚至都没有教师主讲，而是由稽江完小的小导游们，通过同步课堂把冢斜村的风景和文化历史等介绍给城区共同体学校的同学们。

瞧，小导游们一个个自信满满、声情并茂地讲解着冢斜村的种种，不得不说"互联网＋义务教育"带给稽江完小同学们的影响实在是太大了。一年前，这些学生还都不是这个模样。稽江完小处于柯桥区南部山区，随着社会的不断发展，人们的生活条件不断提高，越来越多的农村人走出大山到城市生活，农村小学的生源越来越少。2019年秋，稽江完小只剩下37名学生。留下的学生一般家庭条件不太好，父母大多外出打工，生活由老人照顾。由于父母在外打工，不能照顾他们，更不用说辅导学习。爷爷奶奶即使想管也是有心无力，导致了大多数学生对学习抱着一种无所谓的态度，学习自觉性不高，教师对此也是十分苦恼。同步课堂这种新型教学形式激发了老师们的灵感，经过慎重考虑，老师们最后选择了稽江完小的校本课程"走进冢斜古村之乡村小导游"作为同步课堂教学内容。

那么，如何让稽江完小和柯桥区实验小学两校的学生在这个课程中都能有所收获呢？

一、空中对接共成长

稽江完小的小导游们通过同步课堂,向结对学校的同学们介绍冢斜村的人文、历史,这对小导游们而言是一次难得的锻炼机会。学生们在了解冢斜文化的过程中,感受到家乡的历史文化内涵和千年传统文化的魅力,从而为自己的家乡感到自豪,更加热爱自己的家乡。通过小导游的讲解,结对学校的同学们也了解了古村的千年历史文化,增长了知识。

在上课之前,稽江完小的小导游们为了能扮演好导游这一角色,也做了很充分的准备。他们通过查阅书籍、上网和采访古村老人等各种途径收集资料,也多次实地踏勘、拍照、拍摄视频,力求将冢斜村最好的一面展示给柯桥区实验小学的同学们。通过准备活动,教师发现原先对学习不太感兴趣的学生,在收集资料这件事上显得非常主动、积极,他们对当小导游展现出浓厚的兴趣。在收集资料的过程中,他们也整理了一些自己觉得有用的资料,并牢记在心,无形之中增长了很多知识,这正是教师最想看到的。

六年级男生小余,他是冢斜村人。原本他在班级里很不起眼,上课也总是静静地坐着,很少举手发言,回答问题时总是磕磕巴巴,连一句话也表达不清楚。但是自从开设小导游这门课程,他的改变非常明显。因为他是冢斜村人,对冢斜村的了解比其他学生多,所以去实地踏勘时,教师让他带领同学们参观并进行简单讲解。一来二去,他的胆子慢慢变大了,说话也越来越流利了。后来再有去冢斜村的活动,他都能自发地参加,带领同学们到各个景点,向他们讲解一些冢斜村历代名人轶事,还能带着同学们去采访一些知道冢斜村故事的老人们。慢慢地,大家都发现了他的变化,课堂上他不再是默默地坐着了,能积极地举手发言了,回答问题不再磕磕巴巴,他的学习成绩也有所提高,这些改变都让完小教师感到欣喜。当然,更令完小教师感到开心的是,有改变的远不止他一人,还有其他学生。

稽江完小的小导游们通过锻炼找到了自信,学会了自省。而结对学校的同学们通过小导游们的讲解,通过多媒体跨越空间参观冢斜村,了解了古村的历史、历代先贤、文化习俗、古建筑群以及非物质文化遗产等,也都有很大的收获。更重要的是通过互联网,同学们收获了更多的友谊。

图4-10 小导游介绍村史

二、网络连接你我他

随着信息技术、网络技术、多媒体技术等先进技术的不断发展，智能手机、平板电脑、笔记本电脑等众多先进设备已经融入了人们的生活、学习和工作中。虽然稽江完小的学生不是每个人家里都有这些设备，但学校的电脑教室和学生平板还是能基本满足学生的需求。学生通过之江汇教育广场、QQ空间、微信朋友圈等，把冢斜村的照片配以文字发布到网上，让更多的人了解冢斜村，这也是对家乡文化的宣传。结对学校的同学们将这些照片、文字分享给家人朋友，同时用自己所学到的知识给他们进行简单的介绍。

结对学校的同学们也可以把自己去过的，觉得很有意义的地方推荐给稽江完小的同学们，帮助他们了解城市，开阔视野，大家在相互学习中实现共同成长。

三、线下同游促友谊

随着社会的不断发展，厌倦了城市的喧闹和紧张生活节奏的人，向往起了乡村的宁静和悠闲。于是，在节假日，到乡村体验生活或到农家乐过一个悠闲的假期，成了越来越多城里人的选择。

乡村小导游活动让城区的学生更加全面地了解冢斜村悠久的历史文化和民俗风情，让城区的家长和学生开始向往到冢斜村游览一番。结对学校的学生可以联系稽江完小的小导游们，一同探访冢斜村。稽江完小的小导游们可以带领他们领略冢斜村的千年文化，感受乡村生活。

图 4-11　小导游叶雅兰介绍余氏宗祠

未来，乡村小导游们将会继续探究学习，走出冢斜村，走进稽东镇更多的旅游景点，自豪地向城里的孩子展现我们稽东的风采。

绍兴市柯桥区稽东镇中心小学稽江完小

（执笔人：陈　瑜　付祥秀）

扫码观看视频

第四节

优化数字资源供给

不适合同步的教学内容被制作成精巧的数字教学资源，汇聚于之江汇教育广场等资源公共服务平台，为城乡师生提供了泛在的、更具针对性的海量学习资源。

互联网上办学校，课程送到千万家

在浙江省桐乡市乌镇中学，每周六上午陈宇杰同学都会熟练地打开电脑，根据课程表的时间安排，提前进入名师直播间并下载好学习材料，准备与来自全市各个学校七年级的7000多名"同班同学"共同学习每周一次的名师课程。9点整，桐乡六中教育集团实验中学的浙江省特级教师徐建利准时进入课堂开始教学，带领全市七年级学生一起进入语文阅读的世界。

图4-12　桐乡市互联网学校的名师在线授课

为什么桐乡学生不用出家门，就可以免费学习名师课程？因为这里有一所办在云端的"未来学校"——桐乡市互联网学校。桐乡市建成了浙江省内首家公办在线教育平台——桐乡市互联网学校，在"智慧服务、共享公平"的办学理念指导下，汇聚区域名师，努力给全市学生特别是来自农村的学生提供最专业、最贴心的服务。

一、促进教育均衡发展，把学校建到云端上

"互联网+义务教育"的不断发展，加速了桐乡市互联网学校的成长。现在桐乡市互联网学校开设的网络课程能基本满足中小学生的课余生活学习需求，比如英语口语交际、习作教学、阅读拓展等不同类型的在线课程都已经形成体系，点击率颇高。

经过深入调研后发现，新时代背景下，许多农村学生与城镇学生一样，对课外学习的需求十分迫切，但农村现有学习资源仍然不足。作为教育行政部门，面对新的形势，如何运用好"互联网+义务教育"这一具有时代特质的新型教学方式，促进教育均衡发展，为全市中小学生的个性化学习助力，俨然成为当前中小学现代教育的重点研究课题。

桐乡全体教育人都在为"互联网+义务教育"展开实际行动，引入了专业化的网络科技企业，开发了"桐乡市互联网学校"网站平台。经过不断的努力终于实现了在云端建一所具有"桐乡气质"的未来学校的梦想，同步开设了"名师在线""特色课程""优课频道""名师工作室""家庭教育""学科资源"六大功能教学板块。还开发了"桐乡网校App"，截至2019年12月，已有8500多名教师和130000多位家长安装了移动客户端，日平均访问量达到70000多人次。如今桐乡市互联网学校面向全市免费开放，学生登录学校网站即可在线接受学习辅导。

二、打造高质在线课程，把名师请到网上来

技术平台稳定运行，只是"互联网+义务教育"实现在线教学的第一步。

桐乡市互联网学校在建校之初就将办学的方向聚焦在了"优质课程"建设这一长远的目标上。课程怎么定？上课教师哪里来？上课形式是什么？这一系列问题都需要去一一破解。

如果把全市的名优教师集中到一所学校，那这所学校会有多强？现实中这或许很难实现，但是桐乡市互联网学校却将其变为了现实。基于公办公益性网校的优势，桐乡市互联网学校成立了"名师工作室"，将全市100多位优秀学科带头人分成9个不同学科的优质教师团队，集结了桐乡市最专业、最优秀的师资力量。

大数据、在线平台与优质师资的融合，产生了新的课堂教学形态，也从根本上催生和推动了教学课程的多元化发展，"名师在线"课程系列在这样的背景下应运而生。该课程从1.0基础版逐渐过渡到2.0升级版，经历了从无到有、从有到优的过程。1.0基础版上线期间，教学内容由各授课教师自定，但缺少系列化、体系化，在综合提升学生素养方面仍有较大提升空间。在综合来自学生、家长、教师的反馈意见后，课程进行了全面的提升改版，定内容、定计划、定团队、分学科研发更为立体的网络课程，力争做到学生想要的课程线上都有。

图4-13　科学名师正在录制课程

"名师在线"课程在设计上相比传统教学更为立体生动，并且准确贴合学生的线下学情。该课程涵盖9个基础学科，并且围绕各学科知识体系与教学重难点进行了不一样的特色课程研发。每门课程均制订3年授课计划，全市各中小学生都可根据自己的学习情况，通过网校选课平台在线灵活选择自己喜欢的课程，真正跟着名师进行在线学习。

图4-14　桐乡市互联网学校授课平台

三、创行双师联动机制，把课程送到千万家

网络课程的组织和管理一直是"互联网＋教育"的痛点与难点，生源不稳定、师生互动交流困难、学习问题不能及时答疑等都成了难题，为此桐乡市互联网学校首创了线上线下双师管理机制，为有效解决这个棘手问题提供了新的思路。

每一期课程在推出时都有课程简介与授课计划，学生可以根据自己的学习需求，在所在学校教师的帮助下进行选课，学生学习过程中遇到的问题可以通过网校教师和线下任课教师协同解决。

桐乡市互联网学校作为市教育局下属的一个重要科室，对全市各中小学校具有较高的业务领导力，这促成了线上线下双师管理机制的快速形成。

"桐乡教育团队"在线上线下双师管理机制下高效协同，将桐乡市互联网学校的课程和学校课程完全衔接，并且将学习资源完全免费提供给全市师生，真正做到了"课程无处不在、教师无处不在、学习无处不在"。

四、紧跟时代发展步伐,把"未来学校"建设好

自桐乡市互联网学校课程上线以来,截至2019年12月,共开设了11期涵盖中小学9个学科的直播课800多节,累计收看人数超过300万人次。

在"互联网+义务教育"的时代背景下,桐乡市互联网学校的创立与发展都应时代的要求而出现。通过收集与分析互联网学校的使用情况、使用效果可

图4-15 桐乡市互联网学校

以看出,大多数学生认为这样的互联网教学模式对自身学习都有较大的帮助,学习的效率得到了明显提升。对于家长来说,不但减轻了负担,还让一些家长少走了很多的"弯路"。

桐乡市互联网学校代表了一种新的教育方向,专业的授课团队、优质的学习课程、贴心的服务模式,让"桐乡气质"的未来教育更有底气,让"学在桐乡"的教育品牌更具活力。

桐乡市互联网学校
(执笔人:钱建良)

扫码观看视频

技术赋能教育均衡

在学科基地上走活一盘城乡共进之局

坐落在钱塘江边的一个小镇——盖北，这里距县城近二十公里，这里建有杭州湾精细化工园区。有一批年轻人在小镇耕耘，担负起培养当地居民的孩子与在化工园区从业人员孩子的重任，他们与其他学校的教师一样，渴望在学科专业上成长，也希望所教孩子能得到更多的教学资源，更希望孩子们能充分利用当地的资源来培养良好的科学素养。但这需要专家的理论指导，需要大量的资源，需要大量的实践。

如何走好这一局棋呢？

2017年5月，浙江省教育技术中心组织省内部分学校运用网络组建数字化学科基地，浙江师范大学附属上虞初级中学（以下简称"浙师大上虞附中"）有幸成为省初中科学学科基地校。建设基地校是"互联网＋义务教育"理念下的一次创新实践，是走向智慧教育的一次成功尝试。浙江省数字教育资源应用实践基地学校建设的目标是为学生的有效学习与高效学习提供路径，为实现学生全面全体的发展提供服务。走好这一局棋，将是一次教学的革命。

关于浙江省数字教育资源应用实践基地学校建设，首先想到的是师资的提升。为了更好地服务于全省城乡学校，我们组织了近二十名城乡教师，通过课程建设、课程实践，来促进科学教师提升业务能力与素养，同时让城乡教师通过互联网共享名师教学经验，共享专业教师指导。其次想到的是如何更好地服务学生。从建立数字化初中科学拓展性课程基地以来，以拓展学习方式、教学内容、教学方式为手段，不偏离科学教学的本质内涵，组织好资源共建、应用共享。

为此，浙师大上虞附中结合本区打造"城乡教育共同体"的号召，创设了城乡教学共建共享的"活模板"。让内容多样"源头活"、方式多样"过程活"、途径拓展"方法活"。

一、"共立"建设方向,统一教学理念,为城乡教学实施指明方向

如果明确了具体的教学目标,并能以一定的方式实现,那就提高了科学教学的效度,如果教师能通过一定的途径实践,那么也提升了其学科素养。对于科学教学来说,其目标就是培养学生的核心素养。这个核心素养分解为四个方面,概括为"四有十会"。具体地说,就是四个方面的准备与能力:一是有科学思想,包括有基本的科学探究的思路、有历史的观点、有辩证的观点、有发展的观点;二是知识学习能力,包括会提出问题、会记笔记、会整理与构建笔记;三是操作能力,包括会实验操作、会创新实践、会综合研究应用;四是相互学习能力,包括会表述、交流,会合作,会写作,会自评他评。初中科学拓展性课程在设计时就要以此为教学目标。

如何将这些理念与核心素养的培养目标"落地"?如何将"四有十会"嫁接到拓展性课程上?我们需要设计适合的课程,让这些课程引导教师落实理念,引导学生在学习中更有活力、更爱思考、更积极地探索事物的本质。

明确任务,确立"传播方式的方向性"。将课程资源与"互联网+"结合,通过学科基地校平台,让城乡学生突破时空等限制,阅读并思考经典的科学探索历史故事与科普文章;结合自然现象与生产生活中的具体场景来思考科学问题;找到适合本学段的学习方法,优化学习方式。

二、"共建"基地内容,聚合城乡力量,为城乡教师搭建专业发展的舞台

确立方向后,通过共建团队达到共建资源的目标。教师团队成员来自浙师大上虞附中、盖北镇中学、谢塘镇中学等十余所乡镇学校,总人数达二十余名。

这些教师在设计课程时,注意结合历史故事、知识技能、科学实验等元素,重在体现科学思想、科学精神、实践科学等内容。共建的课程与共享的资源能基本满足城乡学生的共同需求,且包含不少鲜活生动的实例,如"菌工厂""彩蛋的故事""春笋的故事""磁、电铃、电话、电动机的故事"等。课程主要有四类:学法指导类课程、历史与科学实验类课程、创新与数字化类课程

和学生复习类课程。针对初中科学学科的特点，共建团队对学生进行操作层面上的学习方法的课程教学，从知识辅助、听课技能、反思过程、自我管理等方面进行梳理，使学生获得能力的提升。共建的课程和共享的资源均在网上发布，可供全区乃至全省的科学教师和学生使用。

课程的开发与实施，不只是提供素材那么简单，主要是为了让城乡教师在教学实践上获得专业的发展与成长，让更多的城乡学生接触到优质课堂。共建的课程也得到了实际教学的检验，我们在实际课堂中开设了翻转课堂，与广大科学教师反复研讨，希望翻转课堂让更多的学生受惠。

课程的合作研发与实际应用真正实现了服务于乡镇学校。学校先后与原杜亚泉中学、道墟镇中学合作开发乡土课程，与谢塘镇中学合作开发"晋津有味——品谢塘"课程，与盖北镇中学开发"科学与安全"课程。

截至2019年12月，共建团队共发布180节网络课，在全区各校先后开设了20多节区级公开课，其中包括20多节直播课；上传6500多个教学资源，供学生在预习与复习中使用；共建团队还通过网络参与研讨了2个绍兴市级课题和3个上虞区区级课题。

教师通过开发拓展性课程、参与"一师一优课"等一系列活动，提升了各方面能力。近两年来，有2位教师在"一师一优课"的活动中获部级、省级优课荣誉，有多位教师在绍兴市的优课比武中获奖，有1位教师获评"绍兴市学科带头人"，有2位教师获评"上虞区学科带头人"；团队的推进案例被评为省典型案例，课程被评为省级优秀课程……

三、"共享"基地应用，创新学习方式，让城乡学生在学习平台上自主学习更灵"活"

"筑巢引凤来"，浙江省数字教育资源应用实践基地学校平台上的课程吸引了众多"粉丝"。这些课程受到了学生的热烈欢迎，学生表现出了浓厚的学习兴趣，有部分学习作品还获得了绍兴市一等奖。

每年寒假前，共建团队还会在网络上发布当年中考题的解析课程。学生的参与热情极高，参与总人数近2000人，网络点击量达20000多人次。共建团队对城乡学生进行了抽样问卷调查，听取了学生对课程的反馈，学生纷纷认为，寒假在没有教师面对面指导的情况下，能得到这么细致的网络指点，十分开心，通过观看网络课程他们能及时解决学习中的疑难问题。这些课程与资源，拓展了学生的学习视野，改善了学生的学习方式。

浙江省数字教育资源应用实践基地学校建设也带动了网络空间的应用与实践，2019年浙师大上虞附中被评为"教育部网络空间应用与实践优秀学校"。共建团队通过一个平台——省科学拓展性课程实施与开发的数字化实践应用基地，推动线上与线下互动沟通，广泛开展教研活动，让更多更好的资源、更棒更优的想法，借由网络传播，促进教师专业成长，帮助学生获取优质资源。

浙江师范大学附属上虞初级中学（绍兴市上虞区城北实验中学）

（执笔人：施军钿）

扫码观看视频

第五章

技术赋能助力教学教研

课堂教学是城乡学校结对的主阵地。从专递课堂、名师课堂、名校网络课堂三种信息化应用模式的提出,到城乡同步课堂、远程专递课堂、教师网络研修、名师网络课堂四种结对帮扶形式的谋划,浙江始终以"教学应用、教师研修"为着力点,推进城乡优质教育资源的共建共享。

第一节

统整线上线下教研

网屏课相连是形式,教科研相连才是内核,要想达成同步课堂"五同步",让两端师生真正零距离地互访互动,还需要线上线下协同发力。

全科教室,助力乡村孩子全面发展

温馨的上课提示音乐响起,衢州市柯城区尼山小学珊塘校区(以下简称"珊塘校区")三年级的七个"葫芦娃"关上电子阅读器,摆好木鱼和铝板琴,从舒适的卡通垫子上起身,回到教室的前半部区域坐好,准备上课。此时,班主任楼老师早已与网络另一端的衢州市柯城区尼山小学(以下简称"尼山小学"的美术教师翁老师连上了线。今天这节美术课学的是剪花边,大屏幕上美丽温柔的翁老师讲解并示范了花边的剪法。接着,轮到孩子们动手实践了。他们从距离座位仅一米的学具柜里取出学具袋、剪刀和胶水,开始了自己的创作。

这是珊塘校区依托"互联网+"技术支撑的全科教室里日常的一幕。自从有了这间教室,学生的学习方式正悄然发生改变。

图 5-1　课堂学习区与学科活动区

珊塘校区是由尼山小学托管的一所农村完小，全校只有70名学生，是一所自然小班化学校。因班级人数较少，空间富余，在区教育局信息中心的指导下，学校因地制宜，将其中一间教室改造成了依托"互联网＋"技术支撑的全科教室。全科教室改变了传统教室一通到底的格局，按功能划分为课堂学习区与学科活动区。

依托"互联网＋"技术支撑的全科教室还实现了"四全"功能。

一、提供全科资源

依托"互联网＋"技术支撑的全科教室为师生提供了丰富的学科教学资源，涵盖了小学阶段的各门学科。

课堂学习区除了配备先进的互联网同步设备，在后方位置专门设有一排教具、学具放置柜。柜子里摆放着显微镜、天平等各种教学器材及模型。每位学生还有专属的学习用品放置格，上面贴着他们的名字，里面摆放着他们常用的学具，柜子是开放式的，学生可以根据不同学科的课堂需求，随用随取。

课后，学生则可以在学科活动区阅读、下棋、拆装科学模型、玩一些小乐器等。这里有传统的纸质书，也有先进的电子阅读器。区域下方巧妙地设计了一些隐形的储物格子，供学生放置书包、体育用品。整个设计，充分考虑学生学科学习的需要，为学生提供了舒适的学习空间和优质的学科资源。

由于居住环境的限制，城区学生较少接触大自然中的各种植物与昆虫，相关知识也了解不多。这时候，珊塘校区的学生就可以发挥本土优势，将自己在田间地头搜集到的生物资源带到全科教室，通过同步课堂展示给城里的学生看，实现了城乡教学资源的互通。

二、开展全科教学

依托"互联网＋"技术支撑的全科教室可以实现全学科教学。

课堂学习区是三年级七名学生上课的地方。通过同步课堂，他们可以和支援学校尼山小学的三年级学生一起上课。课程包括语文、数学、英语、科学、音乐、体育、美术等，还包含部分拓展性课程。两校区上课时间同步、教学进度同步，有助于实现城乡同步教学。通常，尼山小学的教师为主讲，珊塘校区的教师为辅教，他们共同研课。

图 5-2　美术同步课堂

依托"互联网＋"技术支撑的全科教室也为拓展性课程的开展搭建了良好的平台。比如，在开展"桂之韵"主题拓展性课程时，科学教师不必将孩子们带到实验室，在全科教室内便能完成利用显微镜观察桂花细胞结构的活动。孩子们一边观察，一边用数学统计表记录下各项数据。两校区的孩子同步进行，自由交流，时常碰撞出思维的火花。借助同步课堂，珊塘校区的孩子们可以在尼山小学专业美术教师的指导下，利用全科教室里的美术学具，描画出桂花的叶片、花朵、果实的形态结构。语文教师则领着孩子们创作以"桂花"为主题的小诗，制作"诗情花意"小书签，顺便在学科活动区开一个"颂桂花"中秋诗歌朗诵会，一边深情地朗诵，一边用活动区的小乐器简单配乐，寓教于乐！

三、培养全科教师

在全科教室的建设过程中，珊塘校区依托"互联网＋"技术，积极探索"协同教学""网络研修"等教师发展机制,培养"互联网+"概念下的新型的全科教师。

这并不是要求每一位教师都要精通全部课程,他只需对其中几门学科有比较深入的研究,同时能借助同步课堂、远程专递课堂等,组织学生开展全科学习,克服"分科"局限,促进学生全面发展。

楼老师原本是一名语文专职教师。由于珊塘校区缺少美术教师,从上个学期开始,她便兼起了美术课,常常为自己上的美术课不够专业而苦恼。全科教室建成之后,"专业难"的问题逐步得到了解决。渐渐地,当楼老师清楚了解每一位学生的性格脾气、学习基础、长处短板后,她组织教授起美术课来便游刃有余。现在,她已经开始尝试其他学科的教学。无论是她还是学生,这都是全新的体验。

我们憧憬的未来小班化学校是一种大家庭模式,教师办公室与学生的教室、活动室在一起,一个班配备一至两名全科教师。这些全科教师有充裕的时间和孩子们待在一起,他们的视野从单科教学转为融学科教学,通过不同的学习活动和课间交流,多方位了解学生,这更有利于因材施教,同时有效弥补了农村学校综合学科师资的不足。

四、促进全面发展

全科资源的提供、全科教学的开展以及全科教师的培养,其目的是促进农村学生全面发展。

与城区学生相比,珊塘校区的学生家庭教育相对缺失。三年级这个班的七个"葫芦娃"更是如此。他们当中有四个是留守儿童,常年没有父母陪伴,学习习惯、学习能力与学习基础都相对较差。更严重的是,他们大多内心缺乏安全感,性格内向、孤僻,不够自信。

豪豪,就是其中一个让所有老师都头疼的男孩。由于父母常年不在身边,他的学习习惯很差,内心也极度敏感、脆弱,听不得一点批评意见。他会因为回答问题时同学不经意发出的一点笑声而赌气发火,对于这样一个"玻璃心"男孩,老师们充满了担忧。可谁也没有想到,全科教室恰是治愈豪豪心灵的一剂良药。全科教室里，琳琅满目的教具、学具和体验式的学习方式对他充满了吸引力。他喜欢待在全科教室里，和小伙伴一起学习、玩耍，和原本立于三尺讲台之上的老师近距离接触、交谈。渐渐地，他的"玻璃心"变得柔软，脸上的笑容也多了。

全科教室温馨的教学环境、丰富的学科资源、多彩的学习活动以及优质的师资力量，让孩子们愉快成长。教室不再只是教室，它成了孩子们学习成长的"家"；教师也不再只是"教学者"，更是孩子们亲密的伙伴。久而久之，孩子们的性格开朗了，习惯变好了，学习进步了，能力提升了……在这里，美好的一切都成为可能。

依托"互联网+"技术支撑的全科教室让珊塘校区的孩子享受到优质的教育资源，为他们的全面发展提供了更为有力的支撑。未来，学校将进一步完善全科教室的硬件设施，如配备电脑，增设科学实验区和生物观察区等，使全科教室满足孩子们更多的学习需求。教师将从同步课堂教学中不断累积经验，加速完成从单方教学到同步教学的适应和转变。两校区通过教研活动和课题研究，更深入地探索同步课堂开展的有效路径……

憧憬在不久的将来，这间教室能实实在在地成为农村孩子专属的全科学习乐园，为乡村孩子的全面发展加油助力！

衢州市柯城区尼山小学
（执笔人：唐湘飞　江心怡）

扫码观看视频

正方形变形记

一、共试、共研,姊妹学校同步课堂的初探

"都快中考了,只有十天的教学时间,这时让老师上公开课,时间是不是有点不合适?"

"听说,跟良渚一中的同学一块儿,怎么一块儿上呀?大家都快相隔三十公里啦!"

"说是学习解答三角形问题,可听说又跟正方形有关。"

……

去同步教室的路上,杭州市余杭区临平第五中学(以下简称"临平五中")902班的同学提了一堆问题,别说他们不理解,连听课的数学组教师也都不理解:这课怎么个上法?就要中考了,一堂复习课还能上出什么新花样来呢?

进入同步教室后,看着对面屏幕上出现的良渚一中904班的同学们,大家的好奇心被激发了。

"真的是同屏!我看到他们了,他们在向我们招手,良渚一中的同学,你们好!"

通过大屏幕,两个班的同学看到彼此脸上的笑容,还看到了彼此的疑惑,还有更多的惊讶。讲台上,漏老师胸有成竹地看着既激动又惊讶的学生,她相信,这堂复习课一定能给两校学生带来新的收获。

缓缓地,一个红色的正方形出现在双方的屏幕上。同学们凝视着这个正方形,忍不住提问:"今天我们学习解答三角形问题,这和正方形有什么关系呢?"

当红色正方形"华丽转身",突然变化成不同方位的正方形,与不同的线条在不同的方位叠加在一起时,同学们仿佛在看魔术表演,两所学校的同学不由自主发出惊叹。

正方形消失了,出现在屏幕上的是良渚一中姚吉同学的解题前测,姚吉同

学在双方同学的注视下，腼腆地站起来，开始介绍她的解题过程，这是第二次中考模拟测试里的难题，虽然她讲解的时间有点长，但双方学生是第一次接触同屏交流，当姚同学讲完了大家还意犹未尽，不约而同地给姚同学鼓掌。

针对刚刚展示的题目，漏老师先画了一个题目中的三角形，紧接着又在三角形外画了一个正方形……漏老师只用了两分钟的时间，就把第二次中考模拟测试中这道得分率最低的题目，讲解得清清楚楚。

大家都很惊讶，原来还有这样一种解法，可以解决解三角形的难题，那么仅仅只能解决这一道题目吗？正方形能不能帮助解决更多涉及三角形方面的题目呢？

漏老师用了八分钟的时间，在和同学们的互动中，结合典型例题梳理了通过替代变换、截长补短、巧添辅助线等方法，讲解了用正方形建模，将三角形问题转化为正方形问题并有效解答的相关策略。

同学们兴奋极了，利用正方形建模竟然可以解决这些难题，大家把目光都集中到了作业单上，大家学习漏老师的方法开始解决作业单上的题目。

当一张张刚刚写好的作业单被投射到屏幕上，看着这些熟悉的、不熟悉的笔迹，双方同学们除了感到亲切外，更多了一份自豪感：这是我写的，这是我同学写的，这还有点问题，这题解得真漂亮……

没有了陌生感，双方同学纷纷投入到了讲解过程中来，有的讲解，有的聆听。良渚一中的合作老师，向大家展示并讲述良渚一中学生中最有代表性的作业单，而漏老师则一边耐心倾听，一边及时地对一些缺漏内容进行补充。

四十分钟的课堂如白驹过隙，转眼就到了尾声。漏老师总结时说："九年级的学习，不仅要勤，更要巧，在最后冲刺阶段，拓展思维，巧解题目，大家一定会有新的收获。"

如何使同步课堂的效能发挥到最大呢？重视课堂的共研环节，是提高教学效率最强有力的保障。

其实，为使本次同步课堂效能最大化，姊妹校九年级数学教师还在上课前组织了一次网络集体备课，课后又组织了网络集体研修。

参加研修的教师提前研究了主要负责人漏雅军老师提供的资源。在网络教研现场，一些九年级的数学教师对中考冲刺阶段还要上复习公开课，提出质疑，究竟上什么、怎么上、双方要如何配合、学生要做些什么准备，这些问题是大家研讨的重点和难点。

当漏老师信心满满地说，仅仅需要双方学校的学生做一个难题的前测，双方教师准备好上课任务单时，一些有丰富教学经验的教师都对这堂课能否上好心存疑惑。当进行课后集体研修时，老师们纷纷给这位年轻的漏老师打出高分，称她上了一堂令大家眼界大开的复习课。

良渚一中的老师说："姊妹班同学在执教老师和辅教老师的引领和帮助下，积极参与展示、互动……课上训练反馈情况显示，学生运用正方形半角模型思想解题的心智操作能力得到培养，较好地达成了课前预设的教学目标。学生带着后测练习走出同步教室，将巩固所学知识，强化能力迁移。"

临平五中的老教师说："真没有想到，现在的教学竟然有这样多的花样，双方可以一起上课，通过现代媒介可以完成这么多的任务，真令我们耳目一新。"

图5-3　教师网络研修

总评老师认为："漏老师让大家看到了现代教学的新与巧，这是教学方法上大胆的突破，希望有更多的创意课堂能够进入同步课堂，让双方教师都得到巨大收获。"

二、共学、共享，姊妹学校同步课堂的法宝

上述尝试是临平五中与良渚一中同步课堂的开端。姊妹学校想要通过同步课堂获得什么呢？答案是希望通过同步课堂达到共学与共享。

共学，学的是创新精神，无论是现代媒体的运用，还是教材的研究，我们鼓励教师勇敢创新，不走寻常路；共学，学的是双方教师独创的方法，无论是临平五中，还是良渚一中，教师把自己在教学中的一些巧妙方法、独特教学技

能展示给大家；共学，学的是双方教师都欠缺的知识、技能和方法，双方一起研讨教学的重难点，一起分析教学过程中遇到的问题，一起解决这些问题；共学，学的是大家在教学研究过程中都感兴趣的内容，一起挖掘，一起成长。

共享，分享的是两校各自的教学资源，两校把所有教学内容都毫无保留地展示给对方；共享，分享的是两校各自的教学研讨方法、集体活动的组织方式；共享，分享的是两校各自的教学管理方法，通过同步课堂、网络集体研讨，了解姊妹校真正的特色。

关于同步课堂，临平五中902班的同学说得好："我们携手，一起走在同步课堂的实践大道上！"

杭州市余杭区临平第五中学
（执笔人：江贵生　王红蕾）

扫码观看视频

第二节 互通网络教学角色

同步课堂要兼顾两端师生,课堂教学如何组织?主辅教师如何划分职责和进行联动……这是构筑同步课堂有效教学应用模式急需解决的问题。

同步课堂"大咖"来了

"同学们,请根据问题快速阅读课文,提取有效信息后绘制一张思维导图。"语文教师余湘娟刚说完,屏幕两端的学生就开始行动了。

这时,余老师和同步课堂另一端的洪老师各司其职,分别指导学生绘制思维导图。5分钟以后,两张截然不同的思维导图出现在了智慧黑板上。

同样的阅读内容,不一样的思维方式。成长环境和个性差异,导致思维方式不同,绘制的思维导图不一样。课堂两端的学生议论纷纷,思维上产生了碰撞。而这样的"思维碰撞"促使学生从不同角度去观察事物,这也是亮点之一。

这是发生在2019年9月24日义乌市"互联网+义务教育"现场会上的一幕。会上,语文教研员金淑娟是这样评价的:"我切实感受到了余老师的进步,课堂真正关注到了屏幕两端的学生,课堂始终围绕语文课的学科特性来上,技术应用得巧妙而不着痕迹,简直精彩极了!"

这样"精彩极了"的评价,可真来之不易。要知道,最初的同步课堂,曾经历过"糟糕透了"的阶段。而这一切的改变,都是从"同步课堂'大咖'来了"开始的!

一、同步课堂之初:"糟糕透了"

城乡学校结对同步课堂之初,余老师和其他教师一样,心里虽然有困惑和忐忑不安，但更多的是好奇和"初生牛犊不怕虎"的跃跃欲试。

对于同步课堂，大部分教师同余老师一样，都是抱着"摸着石头过河"的心态展开探索的，概念理解模糊，课堂研究偏重技术应用，同步课堂如何展开是走一步看一步。

还记得第一堂课，设备灯光都调试好了，远方的学生就投射在面前大屏幕上。可就在这时，面对多一倍的学生和网络直播，余老师胆怯了，脑中一片空白，讲话磕磕巴巴的，都不知道自己说了些什么。同时，受援学校师生反馈，除了问好环节，课堂一边倒，既没有有效互动，也没有积极反馈。那时候的余老师心情非常低落，甚至后悔接下这个艰巨的任务。老师们也都感觉到，同步课堂的"水"太深，没有头绪，"糟糕透了"。

校长杜建芳鼓励教师慢慢来，先练好内功，磨好课，她来请外援。几番磨课和不断反思之后，校长邀请义乌市教育研修院主任金淑娟亲自把脉。

满怀希望的余老师，却冷不丁被金老师泼了一盆"冷水"。"余老师，看得出来你很努力，备课很认真。但你犯了一个关键性的错误，你重视了技术，却忽略了学生。课堂一边倒，这边你讲得很累，对面的教师却无所事事。你比较重视这头的学生，而那头学生却像观众，虽然也有互动，但那只是象征性的，互动还不够……"

面对这么多的问题，一旁听课的老师们心中又感到了迷茫，这课到底要怎么上？

二、教研员集体"下水"："'大咖'来啦"

面对一线教师在同步课堂实践中的"困惑"，金老师急人所急，带着"大咖"们来啦！

所有学科的教研员集体"下水"研究"互联网＋义务教育"同步课堂。在短短一个星期内，"大咖"们分别在义乌市保联小学和楂林小学两校，上了17堂同步课堂示范课，几乎涵盖了所有学科。教师在短短的时间里，经历了"大咖"们带来的"头脑风暴"。

关于同步课堂，老师们眼前的迷雾被慢慢拨开，显山露水逐渐见到真章。

首先，"大咖"带领老师们走出了上课"为展示技术而使用技术"的盲区，进一步明确了"互联网＋义务教育"主体是课堂教学，技术是辅助手段。其次，老师们归纳出了同步课堂急需解决的几个核心问题：同步课堂两端的学生有无主次之分？如何同时关注？同步课堂

图5-4　教研员执教同步课堂

中两位教师角色如何定位？如何分工？同步课堂怎么展开同步练习，又如何做到同步反馈？和"大咖"们一起探讨、一起磨课，慢慢地老师们心里有了答案。

首先，真正意义上的同步课堂，结对双方的学生不应该有主次之分，应该定位成同一个班级的两个学习小组，必须同时予以一样的关注。其次，教师可以有主次之分，但绝不是单向意义上的一位教师讲课，另外一位教师无所事事。在课堂上，双方应互相配合、默契地参与到指导学生学习中，努力让所有学生都得到关注。同步课堂的各个环节，也应该有不同的分工。教师间各取所长，做到"1＋1＞2"的互联网效应。再次，同步练习环节，两端学生应该保持适当的独立。这个环节，互动设备的实时传输声音可以暂时关闭，让学生在相对安静的环境里独立完成练习。设备的声音可以等到同步反馈的时候再打开。最后，同步反馈的形式可以多种多样。可以是视频声音的互动反馈，这种反馈方式时效性好，能做到即时评价；也可以是黑板同屏反馈，两个教室的黑板远程同步，显示一样的内容，两位教师选取典型作业投屏到黑板，这种反馈可以对作业进行对比性评价，利于学生的思维碰撞。最后是基于移动端平台的智能分析反馈，这种反馈适合使用于双方有移动终端设备的教学实验班，利于即时收集数据，形成图标，为精准教学把脉，形成教学策略。

"大咖"坐镇，同步课堂正在走上正轨，课堂变得"精彩极了"！

三、建立长效机制：促进教师成长

关于同步课堂，"大咖"们指明了教学应用的方向，但还需要建立长效的机制，促进教师不断进步成长。

第一，义乌市保联小学和楂林小学成立了"网络教研领导小组"和"网络教研小组"，两位校长担任组长，制订了"网络教研实施方案""网络教研管理办法和评价方案"等，网络研修之路就是这样起步的。同时为方便活动展开，两校调整了学校的作息时间、结对班级的课程表，真正做到了有效无缝对接。第二，继续定期邀请特级教师和教研员等"大咖"把脉，名师指导课堂教学，并录制名师示范课，指导教师不断探索、不断学习。第三，有效开展基于同步课堂、同步活动的网络研修。两校每个月开展一次大型同步课堂会议，提出和解决同步课堂实施过程中的一些新问题。利用同步互动设备开展网络研修，举办网络读书会、文学大讲坛等研修活动，促进两校教师共同学习、研究教学。第四，义乌市保联小学和楂林小学共同承办和直播义乌市级教学研修活动，在活动中检验教师的同步课堂实践能力。两校应用同步设备共同承办了义乌市中小学综合实践研修活动、义乌市少先队课程设计现场会、义乌市"互联网＋义务教育"现场会。尤其值得一提的是义乌市"互联网＋义务教育"现场会。会上，各地同行和浙江省教育技术中心专家对现场会上的8堂同步课堂给予了高度评价，认为每一堂都"精彩极了"。会上，义乌市保联小学和楂林小学、上溪镇黄山小学实现了三地同步课堂，并和南京市秦淮区五老村小学等学校实现了三地同步教研。

图5-5 义乌市"互联网＋义务教育"现场会

正是这些有效机制,激励着教师不断地将同步课堂实践推向深水区。

"乘风破浪会有时,直挂云帆济沧海!"

随着"'大咖'来了"带来的示范作用和鲶鱼效应,义乌市保联小学和樟林小学的教师乘风破浪,不断步入"互联网+义务教育"的深海。在遭遇同步课堂带来的"超级风暴"中,他们因为有了"大咖"的指引,明确了方向,把握了教学的核心,稳扎稳打,课堂教学逐渐呈现"1+1>2"的互联网效应。

孩子们也随着同步课堂的推进,逐渐改变了学习方式,走出校园,拓展了新视野。

在"大咖"指引下的同步课堂给义乌市保联小学和樟林小学带来了共同协作和互相学习的机会,"大咖"和老师们也逐步做到了换位思考,以全新的角度深层次地去研究教育教学。同步课堂缩短了城乡学校的时空距离,让城乡差异成为教学革新的新动力,同步课堂必然会给更多结对学校带来更多收获!

义乌市保联小学

(执笔人:杜建芳　王海平)

技术支撑路径:

针对义乌市保联小学与樟林小学开展结对帮扶,"教师外出学习成本高、成长空间有限及异地学生无法互动、课堂积极性弱"等问题,两校通过"希沃远程互动教室",实现课堂即时互动,课后教师同步网络教研的方法加以解决。

- **教师板书实时同步**

连接"互动教室"后,两地教师课堂板书均可同步,两地学生可上台书写答题,更好地帮助学生进行发散性思考。

- **课堂游戏实时互动**

通过互动式教学软件,可快速制作互动课件,两地学生可通过课堂游戏进行同步比赛。

技术赋能教育均衡

● **拍照上传随堂点评**

教师可通过移动终端拍摄学生课堂作品,一键推送至交互智能平板,两地学生都能看到。此外,教师可同步在屏幕上批注,进行随堂点评。

图5-6　同步板书

● **课程记录随时回看**

录播设备配备录播平台,课后本地及异地教师可进入录播平台再次观看课程,并可点击打点评课内容,查看其他教师的课堂点评。

● **远程连接简单便捷**

在交互智能录播功能上通过拨号方式即可快速进行异地连接,可最多同时连接3个互动教室和多个听课教室。

广州视睿电子科技有限公司

扫码观看视频

在互联网上手拉手，让"双差异"变成"双优势"

在一堂名为"小小设计师"的数学综合实践同步课上，岱山县高亭镇高亭中心小学（以下简称"高亭中心小学"）的陈飞老师明显地感觉到了学情差异带来的压力，岱山县长涂中心小学（以下简称"长涂中心小学"）的学生要么集体沉默、要么举手者寥寥无几。看似非常简单的问题都要等待很长时间或者教师引导很久，才会有学生举手，而且回答质量并不高。而陈老师自己所在的班级学生却回答踊跃，与之形成了鲜明的对比。这边的学生因为迫不及待地想回答，所以对长涂中心小学同学的相对低质量的回答甚至显得有些不耐烦。课后，陈老师还发现，原本应该完成的教学进度未能完成，由于对本班一些学生尤其是学困生的关注度相对减少，导致他们与原先发展目标之间也出现较大差距。

这是同步课堂开设之初，陈老师所面临的尴尬问题——学情双差异。如何破解这一问题，让"双差异"变成"双优势"呢？让我们一起走进陈老师和孩子们的同步课堂，去找寻破解的密码。

一、线上线下手拉手——有"备"无患，有"网"无距

陈老师结对的长涂中心小学三年级原先有18个孩子，因为部分孩子跟随打工的父母回老家了，这个学期只有11个了。这些孩子中有4个存在智力或者心理上的问题，只有7个属于正常水平。陈老师决心走进长涂中心小学，与这些孩子进行零距离接触。通过这次破冰之旅，孩子们不但见到了屏幕那一边的老师，还和老师一起聊天、上课。陈老师答应孩子们，一学期来看望他们一次。陈老师还为两个班级的孩子组建了一个微信群，如果有问题大家可以随时交流。

陈老师知道，要想缩小差距，只有向40分钟的课堂要"效益"。她和长涂中心小学的鲁宁宁老师商量，每次两人都同备一堂课。作为支援方教师，陈老师会在备课"同步建议"一栏中详细列出课前、课中以及课后要求鲁老师配合的

技术赋能教育均衡

地方，既有学具的准备、设备的调试，更有学情基础的调查、教学环节的同步等。而作为受援方的年轻教师，通过同备一堂课，不但可以增加对教材的理解，更能发现自己教学中未能考虑的细节、未能想到的环节等。磨刀不误砍柴工，在一次次的课前交流中，双方对教学目标更加清晰，对把握学生也就如鱼得水了。

陈老师所在的教研组，定期会在线上和鲁宁宁老师会面，大家一起讨论开展主题研修活动。学校要求双方教师在线上交流时要积极，同时鼓励积极上传资源，学校会定期对此类资源评定等级。组长会对双方教师的发言进行赋分评价。这些都是学期结束时评选优秀教研组和优秀成员的依据。

二、课上课下手拉手——有"牌"无妨，有"色"无界

丁同学是鲁老师的学生，他最开心的一件事情就是被评为了9月份的"同步课堂小明星"。说起这次入选，丁同学一脸自豪，他说："每次举手回答一个问题后，我的三色名牌就能转一下，每节课下来，我都能回答到好几次陈老师的提问。如果别的老师来上课，叫不出我们的名字时，我们还可以把数字牌高高举起来，那样老师们就能清楚地叫到我们。"

原来，在同步课堂上，陈老师和鲁老师给每名学生制作了一个三色名牌和一个数字牌，红色朝向老师表示回答一次，黄色表示两次，蓝色表示三次，立起来后红黄蓝又分别表示四次、五次和六次。每节课，丁同学都会认真地把回答总次数记录到专门的表格中，一个月来由于自己回答最积极，就当之无愧地当选为小明星了。丁同学表示，每次回答问题时，看到高亭中心小学的小朋友安静而又认真地听着自己发言时，总会非常开心，觉得自己好棒，自己真是太喜欢这样的课堂了。

丁同学说："平时，老师经常会把新课视频或者导学内容传到平板电脑上，同学们通过自学解决一些基础问题，课堂上就能专门讨论疑难问题了。每次的课后作业，陈老师都安排了A、B组分层练习，同学们除了完成基础类A组题外，还可以挑战难度更大的B组题，不懂的问题可以在群里请教，完成后给自己的老师批改还可以加分呢！对于班级中学习比较困难的同学，老师们每天都

会给他们辅导，帮助他们不掉队。"

通过同步课堂，丁同学还和高亭中心小学的学生结为了好朋友，双方时常利用互联网在线讨论难题趣题。

丁同学说，在同步课堂上，他最喜欢的就是校本特色课了。让丁同学印象最深刻的是，前不久自己学校的戎老师带领大家上的"小小海燕学旗语"同步课。旗语，就是一种利用旗帜传递信号的沟通方式。长涂中心小学是小海军基地学校，学校每年都会开展少年军校活动，每位同学都会熟练操作旗语，这也成了学校的特色。课堂上，高亭中心小学的同学们学得可认真了，一板一眼，丝毫不敢走神。丁同学也非常喜欢高亭中心小学老师上的渔歌课、贝雕课、瓦艺课，真希望这些老师都能到长涂中心小学，手把手地教他们本领呢。

特色，是一所学校的个性，我们可以考虑把更多你无我有的资源通过互联网这个平台普及给更多的孩子，这或许就是开设同步课堂的初衷吧！

我们已经欣喜地看到，双差异正在逐渐缩小，而较大的课程和师资优势、良好的双师协同等优势正在不断凸显。同步课堂中长涂中心小学的孩子们变了，变得自信、变得积极，高亭中心小学的孩子们也变了，变得耐心、变得会倾听了。

我们有理由相信，同步课堂的明天会更加美好！

岱山县高亭镇高亭中心小学

（执笔人：陈　飞）

扫码观看视频

技术赋能教育均衡

同步课堂让两地朵朵花儿同样开

湖州新世纪外国语学校的韩老师,要为遂昌县王村口镇中心小学的孩子们上一堂网络英语课。课前,学校英语教研组集体备课、说课、试教、再集体备课、再试教;课中,教师拿出了所有看家本领:多媒体动画、英语单词卡片、小动物头饰等,又唱又跳组织引导教学,期待能通过同步课堂激发起学生的学习兴趣,促进学生掌握英语知识,帮助学生提高英语表达能力。但是,整堂课,对方学生只是默默看着屏幕,隔着屏幕读几个英语单词;对方教师则选择了退居"二线"……这样的课堂实践引发了所有教师的深思,依托于"互联网+"的同步课堂应该是怎样的?如何在双师双生的有效互动教学中培养学生的双基双能、落实学科核心素养?带着问题,两校教师围绕同步课堂的有效互动,进行实践与探索并形成了"五关注"模式。

一、树立双师双生互动观念

两校学科教研组对同步课堂中课堂有效互动的形式进行了研讨,湖州新世纪外国语学校英语教研组组长周洁老师说:"新课程理念中,强调以学生为主体,以教师为主导,倡导平等、民主、和谐的师生关系,强调相互理解、相互尊重,同步课堂更要关注双师双生的主导与主体关系。在有效互动时,师生互动可以由双师发起,也可创设情境由双生发起。互动的影响是相互的,教师可以影响学生,学生也会影响教师的教学状态。在师生互动的过程中,教师要预设好可能出现的各种问题。"通过研讨,教师树立了同步课堂中双师双生有效互动新理念。

二、构建有效互动高效课堂

要实现高效的同步课堂,基于两地学情的教学设计就显得尤为重要。两校教研组结合同步课堂明确了"一体双案五步"备课模式,"一体"指双方教师为备课共同体;"双案"指主教教案和助教教案;"五步"指讨论教学设计,说课、试教,课堂研讨,改进双案,根据双案开展同步课堂。

同步课堂中的两位执教教师从两班学生实际情况出发,在课堂教学中实践、在交流反思中改进、在思维碰撞中提升,努力实践同步课堂的"五关注"模式,即"关注提问、关注讲述、关注合作探究、关注生生互动、关注情感交流"。

图 5-7 两地学生同上课

(一)"关注提问"中的师生互动

课堂中的提问有助于反馈教学效果、启迪学生思维。教师提问时,表述要清晰,措辞要精练;要给学生思考问题、组织语言的时间与空间;要尽量激发、鼓励学生主动回答。在同步课堂中,两地教师要合理分工、相互配合,选择合适的学生作答,根据学生的回答再进行引导、肯定等。

如:梅秋媛老师执教"什么比猎豹的速度更快"一课时,在教学"整体感知"环节,为了帮助学生把握课文的内容,梅老师提出问题:"你能借助这些关键句和呈现的板贴说说课文主要讲了什么吗?"学生主动联系课文中的关键词句，再进行语言的组织。这样的提问吸引了学生的注意力、提高了学生的参与度，能取得较好的效果。

（二）"关注讲述"中的师生互动

在同步课堂教学中，教师讲述仍然是一种重要的教学方法。教师可以在有效讲述中，鼓励、引导学生提出问题或者表达自己不同的见解。

如：韩笑老师执教"My schoolbag"一课时，在教学导入环节，通过呈现"失物招领"主题，让学生迅速进入情境中，思考并自主提问，进行对话表演。课堂中，关注两校学生互动，通过给予他们及时的赞赏与鼓励，增加其课堂参与的积极性。

（三）"关注合作探究"中的师生互动

在学生自主操作或合作探究的过程中，教师要注意把握课堂教学节奏。在同步课堂教学中，两地教师可以请学生上台表演或展示小组合作学习的成果，教师再给予点评，这能进一步有效调动学生参与学习的积极性。

如：陆必雯老师执教"Let's learn"一课时，在教授颜色类英语单词环节中，陆老师将颜色与相关动作指令结合起来，让学生边听边完成动作，并通过设计小组比拼、"开小火车"、小组展示、抢答等互动活动活跃课堂气氛，这样既可以起到教学反馈的作用，又可以使学生产生成就感。

（四）"关注生生互动"中的师生互动

小组讨论、协作学习是新课程改革中所倡导的学习方式之一，在同步课堂教学中也应该合理运用。这类生生互动并非纯粹的生生互动，其中也离不开师生之间的有效互动。

如：王颖老师执教"古诗两首"一课时，从学生耳熟能详的"咏物诗"入题，精读了古诗《寒菊》。组织学生在小组内吟出诗韵，读懂诗意并悟得诗情，随后迁移学法，请学生自学古诗《蝉》。

(五)"关注情感交流"中的师生互动

情感互动伴随于课堂教学的每一个环节中,教师和学生的情感互动常常通过教学过程中的音容笑貌、形态举止等表现出来。在同步课堂教学中,如果能让两地学生感受到教师的和蔼、亲切、热情,更能激发两地学生参与课堂活动的热情。

如:徐芬老师执教"Different ways to go to school"一课时,徐老师以一首愉悦的歌曲导入,无论在自己领读、领唱、表演,还是学生跟读、齐读、小组读等环节,她始终面带微笑、向学生投去欣赏的目光,让学生感受到了老师的和蔼、亲切与热情。课堂上学生的有效参与会激发教师上课的积极性,推进师生情感互动。

实现双师双生能力再提升。学校在同步课堂中对有效互动教学进行了一些积极的探索,在探索过程中发现了一些问题。为了解决这些问题,两地教师不断实践,提高了两地教师应对各种问题的能力,实现了结对学校师资差异的互补、教学资源的共享,也进一步调动了学生的自主性,激发了学生的探究兴趣,培养了两地学生的学科素养。

科研教研助推教师专业成长。基于"互联网+义务教育"的同步课堂教学还需要经历较长时间的发展。学校今后也会重点对教师专业化发展进行长期规划,包括如何进一步提升教师在同步课堂上的教学能力,以切实推进信息技术与学科教学的深度融合来推动城乡教育协同发展。

湖州新世纪外国语学校

(执笔人:董 兵 姚 瑶 周 洁)

扫码观看视频

第三节

创新城乡同步课堂

同步课堂不拘一格,从流程创新、形式创新到内容创新、方法创新,不一而足。这是传统课堂的转型变革,也是鼓励师生首创的实验园地。

"三步剧本",构建生动有效的空中课堂

在雁荡山西部的锦山秀水之间,有一个被明代大旅行家徐霞客称为"鸿雁之家"的地方,乐清市芙蓉镇雁湖希望小学(以下简称"雁湖希望小学")就在这里。学校生源流失较多,教师人数少,教师专任不专,部分学科教研组活动无法开展。

如今,远在深山的孩子们感受到了完全不一样的课堂体验。前不久,该校孩子们与远在乐清市区的建设路小学滨海校区的同学们共同上了一堂课。隔着小小的屏幕,两校的孩子听同一位教师讲课,一起互动答题,课堂氛围热闹。

乐清市建设路小学(以下简称"建设路小学")师资力量雄厚,教育教学质量高,办学成效显著,自主学习、海量阅读、智慧教育等品牌亮点纷呈。

不出教室就能听城区骨干优秀教师的课,这是雁湖希望小学的师生们从没想到的事。随着"互联网+义务教育"工作的推进,城乡孩子共享优质教育资源不再是梦。今年,建设路小学和雁湖希望小学作为浙江省"城乡携手·同步课堂"首批试点学校,通过构建空中课堂教学范式、创新同步教研形式、相聚线下活动等途径,推进试点工作的实施,破解乡村学校质量提升的难题,走出了一条适合两校的共享与发展之路,让乡村学校的学生接受有质量的教育,促进城乡教育均衡发展。

一、课前做好"三步剧本"

与常规课堂相比,同步课堂的难点是课堂互动的有效性,只有做到课堂互动的顺畅和高效,才能打造高效课堂。两校摸索出一套空中课堂教学范式:主、客场教师在课前进行充分的学情分析,设计教学步骤,通过"三步剧本"("第一步剧本":主讲教师教学设计剧本;"第二步剧本":主讲教师与两边学生互动剧本;"第三步剧本":助教教师配合剧本、与学生互动剧本)进行同步课堂教学,根据评价体系反馈不断完善。

在每一次同步课堂上课前,主、客场教师一起线上备课,共同讨论教学细节。他们最常遇到的一个困难是:如何让同步课堂拉近两校学生的距离,课中如何有效及时掌握对方学情,让学生在活动过程中不断地发生思维碰撞,在课中积极有效互动。面对这一困难,他们做了两点尝试:一是了解学生差异,二是解读教学分层目标。找准定位后,他们设计问题时更注重启发性,并创造机会让学生去操作、去发现,让学生在活动过程中不断思考、归纳、推理。

经过充分的研究讨论之后,由主讲教师设计好"三步剧本",并将"三步剧本"、学习材料等提前发给客场教师。客场教师要在课前熟悉"三步剧本"操作流程,组织学生做好课前准备,同时将学生的学习情况详细告知主讲教师,以便主讲教师能够充分预估客场教学效果。

二、同步课堂互动热烈

前不久,两校根据"三步剧本"设计了一堂"平行四边形面积"数学课。课上,教师通过剪一剪、拼一拼、小组交流、班级互动交流等方式,逐步引导学生观察思考:长方形的面积与原平行四边形的面积有什么关系?长方形的长和宽与平行四边形的底和高有什么关系?雁湖希望小学的同学们借助图形进行解说,建设路小学的同学们在旁补充自己的观点。大家通过观察、交流、讨论、练习等形式,在理解公式推导的过程中学会了自己解决问题。

这样的课堂模式一改雁湖希望小学原先教师在讲台上卖力讲、学生坐在台下茫然听的模式,激发了学生的学习积极性,有助于学生掌握平行四边形的求

技术赋能教育均衡

证方法，也为今后求证三角形、梯形等面积公式和解决其他类似问题提供了解决思路。求证过程提高了学生的猜测能力、验证能力、抽象概括能力。

为了促进线上学习的无障碍互动和沟通，两校还定期组织学生进行线下结对交流活动，从而拉近学校间的距离，加强师生间、生生间的了解，为两校师生共同积极参与同步课堂、提高课堂效率打下基础。

图 5-8　同步课堂上学生热烈互动

三、助教教师做好"助攻手"

在开展同步课堂的时候，他们探索出多种形式，如：建设路小学教师对双方学生进行教学、建设路小学教师只对雁湖希望小学学生进行教学、雁湖希望小学教师给双方学生上课、两校教师接力上同一堂课，不管是哪一方作为客场，助教教师都要协同上课。两校教师可以根据不同的教学目标，选择适合的同步课堂上课方式。这些互通、灵活的方式，更能提高同步课堂的互动性，促进两校教师交流的有效性。主、客场教师能否默契配合，对掌握两边学生学情、把握教学节奏非常重要，助教教师做好"助攻手"角色，能够帮助主讲教师上好一堂课。

当建设路小学教师为主讲教师，雁湖希望小学教师为助教教师时，助教教师一是要关注该校全体学生,帮助学生更好地融入课堂;二是及时把握学生的学情,优化教学过程,帮助学生不断改进学习方式;三是把课堂中发现的突出问题,及时反馈给主讲教师,以便主讲教师及时调整教学目标并解决问题。

当雁湖希望小学教师为主讲教师时,建设路小学教师在分析学情、明确教学目标后,主要从三方面入手落实助教教师的教学目标:第一,通过巡视学生,全程参与学生的动手操作活动及自主探索活动,激发学生的学习兴趣和理性思考;第二,通过参与不同形式的活动,满足学生的个性化学习需求,提升学习效率;第三,通过技术手段,关注学生差异,改进教学。

课后,主讲教师和助教教师都会通过视频进行沟通交流。有时听课教师也会一起参与互动评课,使评价更全面。

在不断的尝试和探索中,两校的同步教研也在磨合中不断地深入。他们的教研方式由"单兵"向"团体"转变,即由结对教师间的研修扩大到学校教研组间的研修;他们的教学研究由"粗犷"向"精致"转变,结对教师常常围绕课堂教学、学情差异和目标落实展开讨论,教研氛围浓厚;他们的集体研讨由"封闭"向"共享"转变,学科教研组按教材的模块,在每学期制订相应活动计划,并在组内进行说课展示,将材料分享给他人。通过同步教研活动,两校实现跨空间实时交流,雁湖希望小学教师团队的专业水平迅速成长。

图5-9 网络互动评课

乐清市建设路小学

(执笔人:郑素春)

扫码观看视频

拨动学生心弦，巧谱互动乐章

随着最后一位学生的离场，江山实验小学（以下简称"实小"）录播教室内的评课教师无不神情凝重，周燕老师更是一针见血："江山市保安小学（以下简称'保小'）的学生都是'看客'，没有互动的课堂绝对无法保证教学效率。"

在激烈的研讨中，问题层出不穷：同步课堂如何让异地学校的学生能够甚至乐于互动？如何因材施教让不同层次的学生有效互动并获得发展？怎样的教学内容更能提高同屏教学中异校学生间的互动效果……

问题就是研究的导向，问题就是实践的方向，大家凝心聚力、攻坚克难，坚实地迈出了一步又一步。

一、因势利导，让学生参与互动

为做好这项工作，实小更是铆足了劲，提出了"全科覆盖、全员参与"的要求。刚进实小的小荣老师格外茫然无助，"同屏课上，万一保小的学生不开口、不参与，我们怎么办？"教学运转中心组织组长们找策略破坚冰，规定动作出炉了：教学设计上，采用"问—思—辨"模式，即先以教师提出的"问题"或学生质疑产生的优质问题来引领学生独立思考或分组探究，接着个别解疑或展开汇报交流，进一步判断、辨析或辩论，真正聚焦"生生互动"；教师配合上，不能少于3次互动；教学语言上，关注倾听交流，多用"让我们听听保小的同学是怎么考虑的？"等；教学行为上，优先考虑非主场的学生，多设计有梯次的互动话题。许多老师从此有规可依、有章可循了。

江山市教育局专门成立专家团问诊把脉后列出了"问题诊断清单"，并确定了每个问题的负责科室和相关负责人。在一次次的专家指导、集体研讨中，"同步课堂互动有效性课堂观察记录表"应运而生，听课教师分工合作，重点关注校际师生、师师、生生互动的有效性，充分利用大数据进行分析、研讨、追踪。小小的记录表成了明确的航标，老师备课、上课、听课、评课更有的放矢了。

同步课堂上的互动次数从"0"提升到了个位数。渐渐地，老师从按部就班走向了个性张扬。

二、因校制宜，让学生乐于互动

王爱娟老师决定执教课外导读课"窗边的小豆豆"。在充分地合作备课后，她围绕文本设计了两个话题：与众不同的孩子、与众不同的巴学园。为更好地熟悉保小的学生，备课团队特意驱车前往59公里外的保小，随着深入了解，大家被保小古色古香的民谣馆及富有乡土气息的校园文化深深震撼了。于是，补充了"与众不同的实小/保小"这一板块。课上开始交流这一话题时，学生的兴奋点都被点燃了！"我们每周都有同学在民谣馆里表演。我们的校服是民国风的。"话音未落，保小的学生就用江山方言表演起了民谣《月光谣》，让实小学子如痴如醉，将课堂气氛推向高潮。课后，随处都能听到实小学子轻哼着民谣的调子。

在后来的实践与研讨中，师生、生生间的互动越来越多。课堂也变得更加灵动而富有生机了。

三、因材施教，让学生高效互动

郑建梅老师要上英语同屏课了，针对保小学生英语基础比较薄弱的情况，组员觉得词汇教学更利于因材施教。于是她精心选上"Let's learn"。这节课的单词，实小学生四年级时就在拓展教学中学习过了，而对于保小学生来说却是全新的。如何让学会的学生不厌倦有提升、刚学的学生感兴趣学扎实呢？在英语组团队的指导下，课堂融入了大量的单词游戏、自编英语歌、英语故事。

开始上课了，听指令表演动物的热身环节迅速拉近了不同校区学生的距离。大家边听单词边做动作，模仿得活灵活现；分组看动作猜单词，离不开双方"心有灵犀"；演唱 *What am I doing*，领略英语歌的魅力。课本剧表演隆重登场了，"猫和老鼠"全部以本课单词创编。郑老师和实小学生示范表演了饥肠辘辘的鼠妈妈、机灵可爱的鼠宝宝一次次地寻找偷吃猫食的宝贵机会，那惟妙惟肖的表演让学生看得津津有味、兴趣盎然，随着多组实小学生的脱稿表演，保小学生也跃跃欲试了，借助课件展示的故事框架，保小学生落落大方地进行了表演。整节课，不仅互动次数达到了几十次，而且互动质量也特别高。

课后，听课老师随机问了几个实小学生，学生们纷纷表示同步课堂因被密切关注并记录，总会自我加压，努力在发言、表演、小组合作、朗读等表现得更出色，为学校争光。

保小学生廖晟博说："一开始我对同步课堂很害怕，陌生老师提问时我都不敢举手，就怕丢脸丢到江山城里去。现已习以为常，能发言时就赶紧举手，能展示时就积极表现，每次上完课感觉还能表现得更好些，于是对下一节同步课堂又满怀期待。"

四、因需而异，让学生幸福互动

随着同步课堂的常态化和全员化，保小对同步课堂的选择也有了更大的主动性。圆桌会议上，保小龚友玉校长代表师生们诉说了需求："目前上的课型基本以语文、数学、科学等常规课为主，我们希望能学习到实小的特色课程或综合课程，如语文综合实践等。"

图5-10 跨省开展四校教研活动

一石激起千层浪，每个学科组动起来了，全方位地从"想当然地给予"到"按需助力"开始探究和转变。

姜天生老师认为习作讲评课是比较合适的课型。利用城区学生的优秀范例，引领学生在语言、构思、选材、立意等多层面展开交流，可实现城乡学生间的优势互补。科学组研究发现科学复习课和制作课更适合……

于是，精心设置的"菜单式"同步课堂清单成了一条教研主线，也成了大家更上一层楼的期待和追求。

关注校情求互动，因材施教巧互动，精选课型优互动……每迈出可喜的一步，同步课堂的互动质量和效率就提升一些，高效互动又如悦耳动听的旋律，让同屏课余音袅袅、引人入胜。

杨根法校长说："推进城乡教育均衡，是新时代新课题，早探究早发展，深信我们定能在'互联网＋'这个神奇的舞台上，迈向'同屏、同步、同心、共勉、共享、共赢'的新佳境。"

江山实验小学
（执笔人：王华君）

扫码观看视频

第四节
共促教师专业成长

依托互联网等信息技术,有助于教师积累数字教学资源、开展同步网络研修、拓宽教育教学视野、更新教育理念方法,进而助力教师专业成长。

云端牵手,智教慧研促成长

一所只有52个学生的乡村小学,怎样补齐短板?怎样借力发展?

一所拥有百年历史的老校,怎样在"互联网+教育"时代中创新发展?

如果把两所学校紧密联系在一起,又将会给区域质量提升带来怎样的影响呢?

正是浙江省"互联网+义务教育"千校结对的这股东风,让云和教育人看到了教育发展的新趋势。于是,由云和县实验小学、云和县崇头镇中心小学、云和县黄源小学组成的紧密型教育集团应运而生。

说起云和县实验小学,是一所百年名校,也是县域内信息化工作推进最早的学校,信息技术给学校带来了翻天覆地的变化。从2014年开始推进数字化校园的建设,实现了校园无线网络、班级白板全覆盖,建成了录播教室和机器人创新实验室,成为丽水市第一批数字化校园示范校,再到2016年9月第一批移动终端进校园,开始创建智慧校园,初步开始智慧教学的探索。截至2019年12月,学校已经建成30个智慧教室,开启了实施智慧教育的实践研究。同时,也启动了城乡同步课堂试点探索。而云和县黄源小学坐落于云和县梅源梯田景区之巅,距云和县城31公里的黄家畲村,是全县海拔最高的小学。它占地面积4335平方米,建筑面积2016.3平方米。学校配置专业的多媒体教室、阅览室、舞蹈房、3D打印室、心理辅导室等,各专用室的配备能满足全校师生教育教学活动的需求。现有教学班6个,在校学生数52人,专任教师12人。可以说,学校信息化的环境已经形成,但教师的专业水平良莠不齐,缺乏专业引领,学校的教育教学质量亟待提高。

集团学校紧紧地抓住"互联网＋义务教育"城乡同步课堂实施的契机，申报成为丽水市第一批城乡同步课堂试点学校，开展了基于集团办学下的城乡同步课堂的实践，特别是对充分发挥城区学校名师的教育资源、引领乡村教师专业成长进行了积极的探索，为乡村教育振兴添砖加瓦，为区域教育教学质量的提升寻找"良方"，为云和教育区域发展探索提质的路径，着力打造区域教育新样板。

一、协作研修，形成"教育共同体"

基于集团化的"城乡携手·同步课堂"项目中，教师的专业发展是关键。只有充分发挥教师的主观能动性，引领教师积极投身同步课堂的实践与研究，才能真正为城乡教育一体化的发展带来影响。

集团学校研究分析了集团办学的实际情况，建立了集团"教育共同体"，由集团学校校长领衔，科室主任与学科骨干教师具体运作，教师主体参与，县研修中心教研人员为指导的组织系统和运行多维网络，为集团同步课堂的开展运作起到了积极的作用。

同时，通过名优教师带青年教师的运行机制，充分发挥名优教师的引领作用，促进青年教师不断成长。为了让此项工程落实更有效，充分发展集体的智慧，搭建学员之间探讨的平台，在总结过去"一带一"结对方式的利弊后，集团工作领导小组提出了组建"学科指导小组"并与"一对一"结对形式相结合，从而组建了以校长为组长，以名优教师等为组员的"导师团"；组建以"自愿为主、主动申报"为原则的青年教师"学员团"，统筹规划好教师队伍的资源，为城乡同步课堂实施奠定基础。

二、同步教学，城乡联动一体化

项目实施后，要形成相对成熟的"基于同步课堂的教学范式"，学校所有中型教研活动和各年段语文数学的种子课都要求通过同步课堂的同屏系统开展教学。通过实践我们做到了课前协同备课,课中同步教学,课后同步教研。

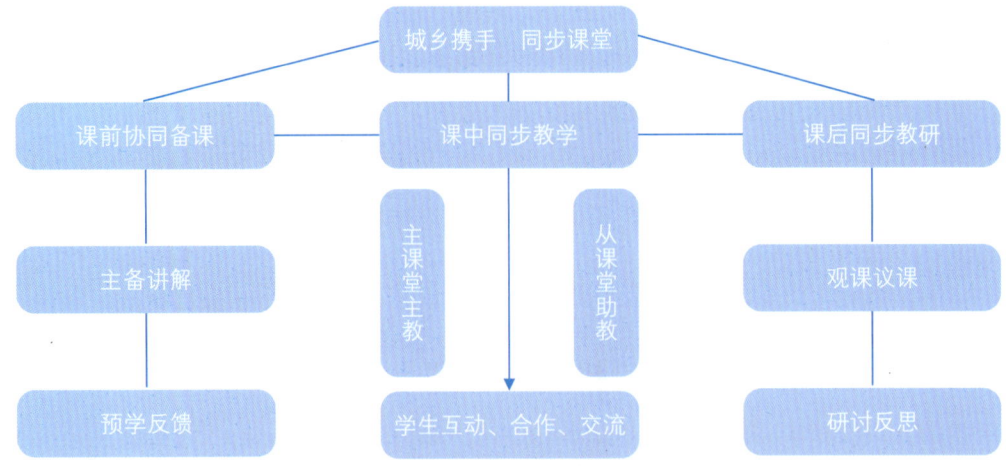

图5-11 "城乡联动 同步课堂"流程图

这样,可以真正实现"备、教、研一体化",让相距两地的教师完全打破空间限制,进行面对面的互动交流。而且,如果遇到大型活动,听课教师较多,那么听课教师可以通过直播链接观看主课堂和从课堂同步互动教学的场景。课堂结束后,教师还可回到录播教室与活动中教师一起开展互动教研,教学、研修一体化为城乡教师专业成长搭建了平台。

三、双线并进,城乡研修共成长

集团学校本着共建共享共研的理念,尝试推进集团教学工作一体化,并且率先开展了学科教学一体化的城乡联动机制,以"双线并进式研修",充分发挥县小集团名优教师的示范引领作用,带动城乡教师不断提升专业素养,促进集团教师队伍的建设。

所谓"双线并进式研修",就是指集团学校开展联动教研机制,采用线上研讨与线下研磨、组内研讨与集团展示相结合的一种新型研修模式。这种研修方式,可以最大程度调动学科教师的积极性,让教师全面地、全程地参与整个研修过程,可以更多维度地提升教师的专业素养。而且,能够突破时间、空间的限制,打破研修工学矛盾,真正为教师专业成长服务。

"双线并进式研修",不仅改变了传统的研修方式,打通了集团校之间的教研壁垒,而且借助智慧教育手段,跨越了时空,让教研更为方便快捷。同时,通过联动研修给教师的专业成长提供了更多支持,也给学校智慧研修注入了动力。

总而言之,集团化的"城乡携手·同步课堂"项目推进,为云和县集团化办学开启了"互联网+教育"的崭新模式,为集团化办学注入了新动力,为学校实现管理一体化、教学一体化的实践提供了新途径,收到了明显成效。

首先,实施同步课堂促进了教师的专业发展。集团化办学下的"城乡携手·同步课堂"为教师专业成长提供了一条比较便捷的"绿色通道"。这条通道把教师专业成长可能要涉及的方方面面涵盖其中,为教师的专业发展注入了"源头活水",为教师专业打通了经脉。线上在线研修助力青年教师精准把握教学目标、精准施教、精准作业;线下课堂实践则让教师通过直接的课堂观察、反思,在与名师面对面交流、讨论中进一步提高认识,提升教师的专业素养。

图 5-12　线上同步备课

其次,实施同步课堂打造了集团智慧课堂的新样态。在集团化"城乡携手·同步课堂"项目中,要充分发挥总校智慧教育的优势,利用智慧教室与导图、导学完美对接,整合课前、课中、课后的学习资讯,便于教师研究如何利用智慧环境引导学习评价从关注分数转向学习诊断、问题解决等高阶思维能力培养,并通过采集真实数据及时调整教学策略,以学定教,促进个性化学习。同时,智慧教室中形成的课堂真实数据分析又为教师的专业成长提供了支持。它就像一面镜子,让教师发现教学问题,不断反思改进,从而取得专业快速发展。

再次,实施同步课堂对教育教学质量产生积极影响。在集团化办学下,学校教育教学质量有了质的飞跃。在2018学年的教育督导综合考评中,云和县实验小学综合评估各项指标均名列前茅,综合评分位列全县第一。同时,云和县黄源小学在2018学年教学质量抽测中名列同类学校前茅。

可以说,"城乡携手·同步课堂"为集团化办学模式提供了最好的平台,为集团化办学提供了全新的经验,让更多的集团化办学学校可以借助"互联网＋义务教育"来推进集团办学模式,打造集团智慧课堂的新样态,让更多学校、更多孩子享有更好更优质的教育。自从实施"城乡携手·同步课堂"项目以来,云和县实验小学取得了一定的成效,但同时也给我们带来了许多的思考与启示:其一,"城乡携手·同步课堂"项目的实施需要技术支撑。项目不是一个装备落实了,就能够顺利开展活动,而是需要来自教育主管部门和设备提供方的大力扶持,给予学校技术的支持。其二,"城乡携手·同步课堂"项目要实现校际办学共通。特别需要调整课程设置,做到课程同步、课表同步、时间同步,否则容易造成校际的各种矛盾,影响教学秩序,不利于项目实施。其三,"城乡携手·同步课堂"项目要实现资源共建共享。集团学校之间要充分挖掘教育资源,共享共用他校优质资源,实现优势资源互补。

总之,"城乡携手·同步课堂"项目的实践探索,给云和县实验小学集团开启了"互联网＋义务教育"新篇章,开始了探索"城乡携手·同步课堂"的新实践。我们有理由相信,只要用信念点燃办学之路,用行动书写育人之章,用技术助力课堂,必将结出云和教育的累累硕果。

云和县实验小学
(执笔人:饶小丽　吴广武)

扫码观看视频

线上线下都是情　屏里屏外都是"戏"

2019年3月，第一次承担同步课堂教学任务的张老师在日记里写道：同步课堂来了，我的噩梦开始了……

2019年6月，还是张老师的日记：同步课堂来吧，圆你我共同的梦。

短短几个月时间，是什么让张老师对同步课堂从一开始抵触到欣然接受呢？同步课堂到底给我们的教学带来了怎样的变化？这其中到底又发生了什么故事？那请你先猜猜右面这幅图片中的字吧！

是的，"岷"字代表宁波市北仑区岷山学校（以下简称"岷山学校"），它地处北仑城区中心地带，师资雄厚，教学理念先进，教学质量在区内名列前茅。

图 5-13　岷峰

对了，还有一个"峰"字，"峰"字代表北仑区白峰小学（以下简称"白峰小学"），它地处北仑东部偏远农村地区，师资、生源等都相对薄弱。

有一天，"岷峰办学协作体"成立了！

一、初见美好——张老师，下次您什么时候来啊

隆重的结对仪式拉开"岷峰协作"的序幕。岷山学校305班和白峰小学303班结对，张老师和俞老师一对一结成了师徒。以后的每一个月，张老师都会给白峰小学的孩子们送去自己精心准备的课，同时俞老师也会定期来岷山学校听课学习。

有一次张老师上完课，正在埋头整理教具准备赶回岷山学校，几位小朋友围上来，亲热地抱住张老师："张老师，下次您什么时候来啊？"一脸的不舍。

技术赋能教育均衡

告别的时候,孩子们在教室门口依依不舍地挥手说再见。有一次,一个小女孩竟拿出一支红笔说:"张老师,您的红笔没墨水了,不能改作业了,这支红笔送给您!"张老师忙碌的双手瞬间停住,她望着这个小女孩,不知如何回答,仅仅数面之缘,甚至连大多数学生的名字都叫不上,自己没做什么事却让孩子们如此惦记?每每想起这个画面,张老师不禁热泪盈眶。就这样一个个暖暖的故事在"岷峰协作"中上演……

二、相遇空中——我要让他重新起航

有什么更好的办法能够让教师和学生突破时空界限,常态分享,同步成长?同步课堂来了!插上"互联网+"的翅膀,两所学校突破了20多公里的距离,遥对为邻!

第一次同步课堂开始前,张老师考虑到两个班级的孩子素未谋面,又相距较远,只能通过屏幕看到彼此,上课时难免拘谨,于是她设计了"姓氏对对碰"互动游戏来活跃气氛,制订了两个班级的公约……这一系列举措拉近了班与班、生与生的距离。

张老师执教语文课"慢性子裁缝和急性子顾客",快要结束的时候,张老师提了一个问题:"谁能复述这个故事?"当她看到白峰小学的孩子们带着新奇的目光盯着屏幕,决定把这个机会优先给他们。张老师随意找了一个戴眼镜的男生,没想到全班同学哄堂大笑,张老师被这笑声弄得不知所措,抬头看向那个男生,男生看起来特别紧张,他一边努力地看课文一边磕磕巴巴地复述着。隔着屏幕,张老师第一时间捕捉到孩子的紧张心理,知道这孩子还不理解"复述"的方法,于是微笑着鼓励他:"你可不可以用自己的话说?不去看课文。我们相信你一定行的,对不对?"屏幕这头岷山学校的孩子们齐刷刷地竖起大拇指,连声说"对!"只见那个男生眼睛一亮,然后用自己的话非常流利地完整地讲述了课文中的故事。话音刚落,屏幕两端的孩子情不自禁地鼓起了掌。后来白峰小学的俞老师解释说:"这个孩子平时比较内向,上课从不举手发言。""哦,原来如此!"张老师的心被猛然触动,"在屏幕中的'新'老师面前,他是多么希望有新的起点;在新的小伙伴面前,他是多么渴望被重新接纳。现在他坐在同步课堂，我要让他重新起航。"张老师暗暗地下了决心。

在以后的每一节同步课堂上，那个男生成了张老师的重点关注对象：领读词语的时候，她会让他当"火车头"，带着大家读词语；表演课文情景剧的时候，她会让他上台，扮演课文中的小角色；教学生字的时候，她会拿他写的字来当范例，讲解生字书写的重难点……张老师运用巧妙的教学方法，慢慢地改变了那个男生。据俞老师反馈，那个男生现在特别盼望张老师的同步课堂，性格也变得开朗了许多。"岷峰协作"就在这样一个个暖暖的故事中渐入佳境……

三、共同成长——同步课堂让我学到了新本领

白峰小学在2004年就被中国教育学会书法教育专业委员会命名为"全国书法实验学校"，是北仑区域内首屈一指的书法艺术特色学校，而岷山学校由于功能教室配备不足，专业书法师资缺乏，孩子们的软笔书法课迟迟不得实施，现在通过同步课堂让岷山学校的孩子共享白峰小学优质的书法课。教授软笔书法课的是白峰小学的资深书法教师姜老师，屏幕上，他教授握笔的方法、润笔的技巧、行笔的规范、收笔的力度，一言一行，专业得当；屏幕下，张老师现场指导学生的握笔姿势，一举一动，耐心认真。

图5-14 两地学生共成长

在两位教师的协同配合下，中国传统文化"书法"以一种崭新的、创新的授课模式呈现出来，岷山学校的孩子学习书法的劲头更足了，每当他们背上书法用具去上书法课时，眼中透露着说不完的欣喜，怪不得305班的孩子说："同步课堂让我学到了新本领！""岷峰协作体"也正在筹划，在同步课堂中开设更多学生感兴趣的课程。"岷峰协作"就在这样一个个暖暖的故事中共同成长……

萧伯纳说："你有一个苹果，我有一个苹果，我们交换一下，一人还是只有一个苹果；你有一种思想，我有一种思想，我们交换一下，一人就有两种思想。"其实对于"岷峰协作体"来说，交换的又岂止是一种思想……学校之间通过校与校协作、班与班联谊、师与师结对等方式拓宽学习渠道，共享教育资源。线上线下都是"情"，屏里屏外全是"戏"，从一点到一点，从一线到一线，从一片到一片，点亮彼此内心的光亮，一起携手往前走。

宁波市北仑区岷山学校

（执笔人：虞赛红　许言午）

扫码观看视频

第六章

技术赋能支撑协同办学

"互联网+义务教育"城乡结对分县域内、市域内、省域内三个层次,主要类型包括片区内部联动应用、紧密型教育共同体、松散型教育联盟等。就"如何依托办学体制,在优势上发展,在薄弱处着力"的思考,各类结对学校都进行了卓有成效的探索,获得了宝贵的实践经验。

第一节
片区内联动应用

片区内部联动应用具有教师管理、装备配置、绩效考核一体化优势，能有效破解教研成本高、发展机会少、综合性课程开设不足等问题。

敞开"三日"拥抱"你"

正逢线下活动，临海市白水洋镇丁公园小学（以下简称"丁公园小学"）校园里传来一片欢呼："章老师！项老师！余老师！"孩子们一个个像见到久别重逢的老朋友一样，欢呼雀跃地奔出教室，拥向来自临海市回浦实验小学（以下简称"回浦实验小学"）的老师们。

丁公园小学的孩子们为什么会有如此强烈的反应呢？原来，丁公园小学地处临海市北部山区，海拔600米，是白水洋镇里距离中心校最偏远的一所小学。随着改革开放的深入，大量人口外流，学生留不住，教师也留不住。这学期，学校虽有3位教师，却很难完整地为67名学生开设出一到六年级所有义务教育拓展性课程。而回浦实验小学是城区示范性小学，办学条件优越，师资力量雄厚。自从开展"互联网＋义务教育"中小学校结对帮扶工作以来，丁公园小学和回浦实验小学便结成了教育共同体。两校经过合作共商，勤谋划，共发力，线上线下相结合，达成了"教、学、研、习"一体化教育共识，大大推动了城乡孩子共享优质教育资源。丁公园小学67位山里娃通过平台，走进名校，与城里老师同对话，与城里孩子共圆梦。

一、常规日：为孩子们打造一套"重点享"的教学

目前，丁公园小学一年级和五年级的学生人数最多，学校不希望这些孩子

因师资短缺而落后。根据这一实际情况，两校达成一致：重点共享一年级语文和五年级数学这两项常规教学。于是，自2019年9月起，两校便开始重点同步共享上述内容，每周至少开设两节同步课堂，并将其纳入常规教学。为使同步教学更有效，两校在实践中摸索前行，在困境中攻坚克难。为避免资源浪费，回浦实验小学尽量满足丁公园小学的要求，精选教学内容，主要选择教学难度大、学生难以理解的内容进行教学。为使课堂效率更高，双方教师分工明确，从课前准备、课中执教、课后评价等，双方都有明确要求。为突出学生主体地位，做到精准定位每一位学生，课前教师给每个孩子准备了姓名牌，以便回答问题时方便对方教师点名，以此鼓励和激发学生参与的积极性。

图6-1　支援方与受援方课堂上友好互动

为使"重点享"更有效，回浦实验小学针对这两个年级的同步教学开展了系列深度研究，以点带面，实行一课一研，引领丁公园小学师生共同发展。形成了"六个一"同步教学范式。"一样的进度"：双方教学进度一模一样，便于互动互助。"一样的教学"：不管是新授课、练习课、复习课还是试卷分析课，双方都共同研讨教学目标、内容和流程。"一样的练习"：双方根据各自的学习情况设计相关练习，交流后再进行修改，形成梯度一致的练习。"一样的作业"：留给学生的课后分层作业一致，便于一起查找问题，查漏补缺。"一起备课"：双方教师共同参与备课研讨同步教学，以便更好地指导学生学习。"一起反思总结":课后,双方教师就本课目标达成、教学效益、存在的问题以及优化措施等进行商讨。回浦实验小学专门配置了一位专家全程跟踪、指导和优化教学分享过程。经过一系列打磨,同步课堂变得更加高效。丁公园小学的校长感慨万千:"这下我就不用担心教学短缺,孩子们教育滞后了!"

二、敞开日:为孩子们打开一扇"广泛享"的大门

回浦实验小学将学校的"敞开日"教学与丁公园小学同步共享。每周四的教学"敞开日"是回浦实验小学的一大教学特色。为彻底打破教学壁垒,让全校教师真正动起来,相互学习、相互借鉴,形成良好的教学研究氛围,助力教师搭建全面展示他们自己课堂的平台。每周四,回浦实验小学全校36个班级,216节课堂全部对外开放,每一位教师都能选班级听课。为使丁公园小学的孩子也能享受这样全开放的课堂,回浦实验小学特地在每周四随机从每个年级中挑选出一节课与他们分享。这一天所有丁公园小学的孩子都能找到适合自己的同步课堂。

自从共享"敞开日"教学活动以来,丁公园小学的课程也变得日益丰富。看!科学课上,他们拿起了镜子和手电筒研究光的反射;体育课上,他们抱起了篮球,研究篮球的规则并进行有序的训练;音乐课上,他们跟着回浦实验小学的孩子们一起读唱五线谱,打起了音乐节拍……这些,对于城里的孩子们来说是那样的寻常,可对于丁公园小学的孩子们来说却是无比珍贵。丁公园小学的孩子们开心地说:"我们终于有美术课、音乐课、体育课和科学实验课了!"

三、研修日:为师生们呈上一场"精品享"的盛宴

"人少课多,没有时间也没有人员一起研讨教学",这是类似丁公园小学等小规模学校的现实情况。为了改善这一现象,回浦实验小学对外开放部分研修日活动。研修日活动主要包括全体教师学习研修和学科教师教学研修。全体教师学习研修一般每两周进行一次,学校根据实际情况邀请相关专家进行专题讲课、业务培训或教师学习交流等。学科教师教学研修是指同一学科的教师在一起研讨课堂教学,包括集体备课、研磨公开课、分享经验等。此外,每一学科

都有自己相对固定的教研时间。只要研修日活动涉及专家讲学、精品课、专题研讨、学习交流等内容，回浦实验小学都会对他们开放。

通过研修日的"精品享"，教师们了解到教学前沿信息，更新了教学理念，明白教育不能只停留在教授知识和技能层面，还应关注思维方式和人格品行的培养，更要唤起学生对学习的渴望！在分享过程中，学生感受到数学很好玩，愿意挑战难题，攻克难关；他们更爱阅读，知识面更广了；他们开始萌发了"不唯书、不唯上、不唯师"的科学探究精神；他们也开始爱上音乐，哼起喜欢的歌谣……

图6-2　两校教师线上热烈研讨

锲而不舍，金石可镂！在整个帮扶过程中，虽然存在网络和时延等现实问题，但是作为支援方的回浦实验小学，一直敞开怀抱，将学校所有优质资源共享给丁公园小学。正如回浦实验小学校长所言："我们跟丁公园小学是结对帮扶学校，我们有责任和义务提供最大限度的帮扶！我们把丁公园小学所有师生看成和我校师生一样，共享教育资源！"两所不同地域、不同规模的学校，将继续通过"互联网＋"的方式在"云端"共行。

临海市回浦实验小学

（执笔人：杨灵君）

扫码观看视频

技术赋能教育均衡

云端携手，结对共进

"叔叔，你小时候有欺凌同学或被同学欺凌吗？""叔叔，你为什么会去当法官啊？"2019年5月31日，通过互联网技术，巍山镇中心小学的学生通过视频向东阳法院巍山法庭的工作人员提问。

该课堂是巍山镇中心小学金小莉老师执教的"互联网＋义务教育"同步课堂——"预防校园欺凌"，工作人员在法庭内为巍山镇中心小学、虎鹿镇白溪小学以及四川省理县上孟小学两省三地的学生进行庭审程序模拟演示，让学生足不出校就能了解法庭工作情形、学习相关的法律知识。

这不仅是一次东阳区域内城乡结对的教学，更是一场横跨中国东西部的教育教学活动。

城镇化发展导致东阳小规模学校量多面广，目前学生数小于100人的学校（含教学点）有9所，学生数小于300人的学校有31所。

近年来，人民群众对东阳基础教育质量普遍满意的同时，也提出许多意见与建议，其中最为突出的问题之一便是教育资源配置不够均衡。如何突破这一瓶颈，达到更高水平的教育公平？如何让4万名外来务工子女与12万名东阳学子一起上好学，享受同等的优质教育？这些都是亟待解决的问题。

东阳一直在努力探索如何利用"互联网＋"的方式，更好地破解城乡教育不均衡的难题。借助"互联网＋义务教育"1000所中小学校结对帮扶民生实事工作这一契机，积极探索，大胆实践，全力推进"互联网＋义务教育"中小学校结对帮扶工作。东阳在完成36所学校结对任务的基础上，自我加压增加12所，截至2019年12月共有48所学校签订了结对帮扶协议。

一、兵马未动粮草先行，搭建帮扶一体化平台

东阳结合学校设备实际使用需求落实了相关经费，并依据发布的《浙江省义务教育学校"城乡携手·同步课堂"试点工作技术环境建设指南》，对48所

学校的录播教室、互动显示屏等装备进行新增与更新；东阳还积极搭建整合城乡同步课堂、远程专递课堂、教师网络研修、名师网络课堂等帮扶形式于一身的云端一体化的帮扶应用支撑平台，该支撑平台以网络学习空间为中心入口，接入东阳教育资源公共服务平台。

二、推进特色化结对，扩大结对帮扶辐射面

除上级要求的市域间与市域内的结对，东阳还根据自身特点，开展了教育集团办学的学校内部结对。如横店小学教育集团内横店、南上湖、横祥和任湖田四个校区形成集团内结对，共享优质资源。

此外，东阳还注重公民办结对推进。根据民工子弟学校教育教学相对薄弱的现实情况，开展了公民办学校网络结对。各民办学校与所在区域内的公办初中、小学结对，通过公民办学校间的同步课堂、远程专递课堂等形式的结对帮扶，提升民办学校教师执教水平，促进优质教育资源共享。如横店镇第二小学与横店镇爱心学校进行结对，为民工子弟学校开设专递课堂。

图6-3 东阳市名师网络课堂

三、制定规范化要求，确保帮扶常态化进行

在推进"互联网＋义务教育"城乡同步课堂等四种帮扶形式过程中，东阳制定并完善了规范化的"五同步、四统一、三用、三多"的要求。"五同步"即要求城乡同步课堂做到同步课表、同步备课、同步上课、同步作业、同步辅导。"四统一"即对于教师网络研修，要求做到统一主题、统一时间、统一管理、统一评价。"三用"即对于远程专递课堂，要求做到适合用、系统用、经常用。"三多"即对于名师网络课堂，要求做到多观摩、多记录、多反思。

比如，在开学前，东阳市吴宁第一初级中学就与结对学校三单乡中小学初中部做好了课时表、课程表的同步。接着是同步备课，双方教师及时反复沟通，采取线上线下相结合方式，充分了解结对学校的学情，支援方到受援方现场了解学生情况，为同步备课做好充分准备。再接着是同步上课，主讲教师、助教教师分配好各自的工作，发挥好各自的职能，做到有分有合。然后是同步作业，双方教师根据双方学情共同设计，分类布置。最后是通过空间、平台共同辅导，教师检查作业完成情况，了解学生对知识的掌握情况。

四、探索个性化帮扶，推出"私人定制"结对服务

东阳还根据结对学校的实际，积极探索"私人定制"帮扶形式。如东阳市江北小学教育集团茗田校区不仅将课堂还将平板电脑"同步"到了结对学校，并邀请结对学校参与STEAM教育中水培、土培种植的对比研究。学生热情很高，纷纷表示这种活动太有趣了。

五、完善精准化考核，及时总结经验固成果

每周五13：00，吴宁二小的张海鹏老师会登录结对帮扶一体化平台，将下周与八达中小学结对帮扶的课程表上传平台，并同步到全省大课表中，课程通过审核后就可以在不同的范围内共享直播。同时张老师还将前一天开展帮扶活动的情况，以小结、通讯、照片、视频等形式上传至学校空间。

48所结对学校每周需至少开展一次网络同步备课或网络研修活动，要求定时间、定人员、定内容；每周编辑发布《东阳市"互联网＋义务教育"中小学网络结对工作简报》；每月开展推进全市性展示活动，及时总结并以多种媒体形式发布活动和上报上级媒体。

截至2019年12月，东阳承办了金华市"互联网＋义务教育"中小学结对帮扶工作启动会，先后组织了11次东阳市级"互联网＋义务教育"中小学结对帮扶推进会，18篇宣传报道发表于省级以上的媒体，5个"互联网＋义务教育"典型案例入围省"基于技术的教与学方式变革"典型案例。全市各结对学校共组织同步课堂796次，参与师生57146人次，远程专递课堂573次，参与师生65063人次，教师网络研修128次，参与教师2620人次，名师网络课堂71次，参与教师2266人次。

目前，城乡同步课堂、远程专递课堂使东阳偏远乡村学校、薄弱学校学生与城区学生同听一堂课，共享优质资源，初步缓解了部分学科结构性缺乏、部分学校专业教师缺乏等问题，有效地扩大了优质教育资源覆盖面，加快实现教育公平。教师网络研修、名师网络课堂凝结集体智慧，为教师深入研究教材节省时间、提供方便，提高了备课质量，构建了高效课堂，促进了教师专业化水平的同步提高。结对学校通过线上线下的互动交流，实现了教育资源的互补，促进了结对学校的共同发展。

东阳市教育局

（执笔人：陈皖东　厉先光　张慧娟）

技术支撑路径：

在推进东阳市"互联网＋义务教育"中小学校结对帮扶工作中，针对其教学资源配置不均衡、城乡教学差距显著等难题，广州市奥威亚电子科技有限公司凭借"云＋端"技术优势，为东阳市提供贯穿教学全过程的同步教学、教研活动支持与服务，助力东阳市结对帮扶工作有序开展。

技术赋能教育均衡

图 6-4　东阳同步课堂云平台

- **实现"教育精准帮扶"**

在不增加教师资源投入与教师负担的前提下,全面实现区域内、跨区域以及多区域内多种形式的课堂互动,针对性地提供教学帮扶。

- **贯穿教学全过程**

提供课前、课中、课后的同步教学、教研活动平台,实现同步备课、同步排课,让城乡师生同步上课、同步辅导,协助城乡教师课后总结反思。

- **汇聚教学资源**

组织开展以问题为导向的精准调研活动,把线下烦琐的组织流程搬到线上进行,并基于课例汇聚教学、教研资源,提高师生素养。

广州市奥威亚电子科技有限公司

扫码观看视频

第二节

紧密型教育共同体

紧密型教育共同体采取托管模式，城区学校在教育管理各维度深度介入与结对学校捆绑考核，推动了共同体学校的可持续发展。

"66"和"6"的故事

"以前，我从没想过可以通过互联网参加家长会，但是今天，我深刻地感受到，借助互联网，我们柯城区华墅初中（以下简称"华墅初中"）的小孩也能和衢州市兴华中学（以下简称"兴华中学"）的学生享受同等的教育，作为华墅初中的家长我感到特别开心……"前不久，华墅初中八年级（2）班郑晨阳爸爸通过之江汇教育广场平台直播功能，与兴华中学的家长们共同聆听了著名教育专家陆惠萍老师的教育知识讲座后，由衷地发出感慨。

这是郑晨阳爸爸的心声，也是其他华墅初中家长的心声。

而城乡家长学校仅仅只是一校两区"互联网＋义务教育"内容中的一部分，多年来，在兴华中学"互联网＋"技术团队的努力下，城乡同步课堂、教师网络研修不断升级，并一一精彩呈现。

一、立足试点先行，奠定一校两区同步课堂基础

2008年兴华中学托管华墅初中，针对华墅初中的实际情况，兴华中学制订了详细的托管计划，成立了学科专业指导委员会，定期组织兴华中学骨干教师到华墅初中开展听课、上课、考前辅导、教研组研讨及心理辅导等多项活动。兴华中学一直秉持这样的理念：兴华孩子能享受到的优质教育，华墅初中的孩子也要全部享受到。为此，两校区不断共同努力，合力打造一校两

技术赋能教育均衡

区升级版。

自2012年起，兴华中学首次开始尝试在线直播课堂，开发了在线课堂平台，开展在线分层教学实践。在线直播课堂为兴华学生提供个性化辅导服务，而华墅学生也可以参与到虚拟课堂当中。这项工作开展过程中所积累的经验，为两校区实施同步课堂和教师网络研修奠定了一定的基础。

二、建成研训中心，拉开一校两区"互联网＋义务教育"序幕

研训中心连两校。2018年9月，兴华中学研训中心投入使用，研训中心占地面积400余平方米，包括精品录播教室、文科研训室、理科研训室、班主任研训室和研训大厅等5个部分，并建成网络在线同步云课堂，在网络在线同步云课堂上可以开展兴华和华墅两个校区乃至全区的教师网络同步研训活动。2018年9月12日，兴华中学沈路伦、吴立群老师分别在研训中心和华墅初中的学生一起上了一节社会课和数学课，课后两校区教师通过网络进行教学研讨，这标志着兴华中学正式连线华墅初中，两校区的同步课堂正式开启。

足不出"校"把课上。2018年11月30日，兴华中学区数学学科带头人徐勇老师和衢州市科学教坛新苗陈蕾老师在兴华中学研训中心授课，兴华中学的学生和华墅初中的学生坐在各自的校区教室，共享优质教育资源。两校区教研"在线"牵，改变了以往学科专业指导活动模式，以前兴华中学的教师需要花上40分钟专程坐车到华墅初中上课并与校区同学科老师进行交流，现在足不出校即可享受同步课堂、同步交流。两校区学生的学习热情也被同时激发出来。

三、城乡同步课堂：两校师生共上课——师资升级

设备技术有保障。对设备进行选型和对比后，华墅初中和兴华中学各安装了一套录播互动设备，该系统可以实现一步扫码录课，实现两校区互动联通等，还能通过数据联动辅助分析得到更详细的教学改善方向。

同步课堂深思考。2019年两校区开设英语、心理健康等多个学科近30节同步课堂，并邀请教研员参与听课，不断优化课堂模式，在活动中不断提升教与

学的同步。一是选课程，根据华墅初中的实际情况；选择薄弱或者缺失学科；二是选学生，双方学生的学习基础要基本匹配，便于课堂教学的开展；三是选内容，选择适合且需要同步到华墅初中的内容，给华墅初中的师生预留一定的自主学习时间。

四、教师网络研修：两校教师同活动——教师发展

研修活动有主题。两校区确定"分层教学研究""后进生转化""校本作业共享"等主题的网络教研活动，有效整合城乡学校的资源，积极推进优质资源的共享。

网络研修有平台。通过浙江省数字教育资源应用实践基地学校搭建网络教研平台，用于发布照片、资料、教学反思、教学设计等，为两校区教师网络研修活动资源共享提供了便利。

城乡研修有实效。"在华墅初中工作二十几年了，还是第一次参加这样的教研活动，以前到兴华中学参加教研活动要开车，现在有了网络教研，确实方便了，可以随时参加这样的活动了。"这是华墅初中兰建明老师参加教师网络研修活动之后在屏幕前的感言。现在，两校区研修活动已经涵盖了多个学科，教师研修活动由"线下"模式转为"线上＋线下"模式，城乡教师研修实现一体化。

五、城乡家长学校：两校区家长同上课——家校共育

城乡家长同收益。兴华中学每年都会定期邀请专家给家长们上课，根据学生的心理发展特点与家长有针对性地分享一些经验成果。华墅初中的家长在华墅初中教师的指导下也能同步观看讲座，通过系列城乡家长会活动，农村学校的家长也能享受到名校的优质资源，汲取家庭教育精髓，吸收家庭教育经验。

技术赋能教育均衡

图6-5 两地家长同上课

六、线下积极互动：两校教师共成长——量身定制

自2008年两校区接轨以来，两校致力于提高农村校区教师的专业素养，为华墅初中量身定制了多种形式的线下研训活动。并以此作为农村校区破茧化蝶的突破口，同时也弥补了线上活动的不足。

农村薄弱初中校是义务教育优质均衡发展的短板，提升教育质量的难点在于教师专业水平不高，而"互联网＋义务教育"为解决乡村学校的学生同步享受到城区的优质教学资源，提升农村薄弱初中校的教学质量和教师专业水平提供了有效的解决途径，更为"一校两区"城乡托管模式提供了新的动力。

现在，兴华中学和华墅初中各种互动故事依旧在不断地叙写着。兴华中学郑昕书记在接受衢州市电视台"互联网＋义务教育"专题采访时说："依托互联网，合力打造一校两区升级版，着实让农村孩子、家长受益，农村教师成长，共同推进教育均衡发展……我们已经走在逐步实现这样美好愿景的路上"。

衢州市兴华中学

（执笔人：崔迎光）

扫码观看视频

"互联网+"同步课堂，为桐庐乡村教育"造血"

这天，在杭州市桐庐县春江小学（以下简称"春江小学"）录播教室，一堂跨校同步音乐课正在进行，春江小学与杭州市桐庐县莪山民族小学（以下简称"莪山民族小学"）、金东小学的学生又一次共享了"互联网+"同步课堂。一位名师，两位乡村教师，利用互联网技术给城乡孩子同步上课，虽相隔几十公里，但课堂学习氛围非常好，特别是莪山民族小学与金东小学的学生，对这样的课堂形式很喜欢。

为了同步课堂能够顺利进行，三所学校的音乐教师在课前借助互联网进行了同步研讨，他们根据三校授课对象的学情，在备课中下功夫，努力兼顾教材、学生、学习方式和同步课堂的特点这四个维度，力求三校学生都能在课堂上有思考、有收获。乡村教师跟名师一同研磨一堂课，一同执教一堂课，课后，再通过网络进行交流、讨论，教研员们也通过网络介入教研，农村小学教师的"造血"功能得到了快速提升，他们的课堂也有了质的飞跃。

"互联网+"同步课堂让乡村教育振兴成为可能！

一、师资失衡，振兴乡村教育的新瓶颈

目前，桐庐县小学阶段还有8所小规模学校和9个教学点，由于地处偏远、交通不便、生源萎缩等问题，这些学校和教学点当前大多缺乏优质师资，课堂教学不够高效，教学质量较差……成为制约桐庐县义务教育均衡发展的因素之一。

如何改变这样的现状呢？2017年，桐庐县启动"互联网+"同步课堂的教学实践活动，努力拓展教师的研修方法、学生的学习途径，通过优质师资共享，让城乡孩子同上一堂课。两年多来，同步课堂的参与学校从最初的12所学校逐步发展到现在的23所学校，为推动教育资源共享，促进乡村教育发展贡献力量。

二、四轮驱动，重构跨校互动的新体系

2017年5月，桐庐县教育局通过前期近两个月的学校走访、专题调研、教师座谈、部门协商，完成了《桐庐县基于"互联网＋"跨校同步互动课堂实施的可行性报告》，并通过学校自主申报，教育局全面审核，确定了12所试点学校，后勤服务中心投资上百万元，为试点学校配置了交互式教学必需的设备。

2017年9月，桐庐县教育局出台《关于成立基于"互联网＋"跨校同步课堂推进工作领导小组的通知》，由局长担任领导小组组长，分管后勤和教学的两位副局长担任副组长，由教育科科长、人事科科长、后勤服务中心主任、教师发展中心主任、督导室主任任组员，建构了由教育科、人事科、后勤服务中心、教师发展中心组成的"四轮驱动"的支撑体系。这样的支撑体系，有明确的分工职责，有效地推动此项工作开展，确保项目总体目标的高质量达成。领导小组下设办公室，办公室设在教师发展中心，由相关学科教研员负责"互联网＋"同步课堂的研究指导。

2017年9月29日，第一节"互联网＋"同步课堂"小数除以整数"在学府小学进行。由特级教师李友中老师和桐庐县学府小学、金东教学点、三源教学点、梅蓉教学点的五年级孩子们一起率先体验。

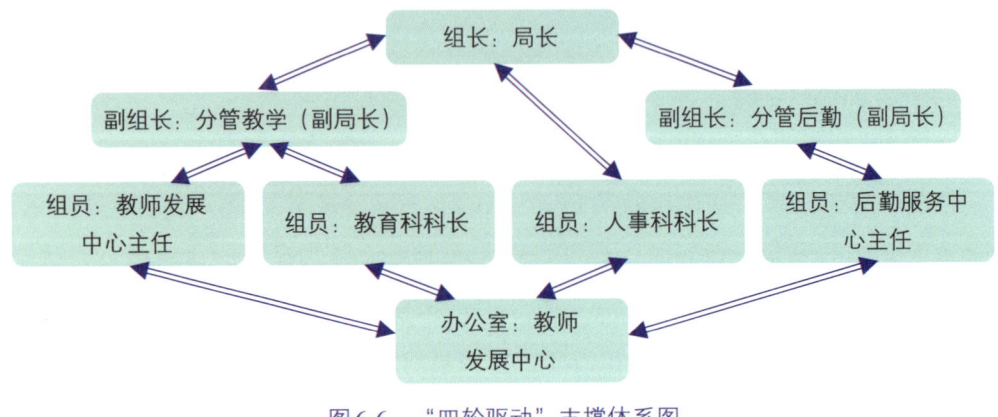

图6-6 "四轮驱动"支撑体系图

三、建章立制，搭建跨校互动的新流程

"互联网＋"同步课堂的最终目标是提高城镇和农村教师的教育教学能力，

规范农村学校（教学点）办学行为，增强农村学生的学习自信，拓宽学生的学习视野，提高学生学习品质和综合素养。为此，每学年开学之前，工作领导小组办公室就明确要求各结对学校经过协商后，提交统一学校作息时间表、学校课程表和学校同步课堂落实安排表，做到定教师、定班级、定学科、定时间、定内容，工作领导小组办公室汇总三表后制成"互联网同步大课表"。还制定了"互联网＋"同步课堂实施五步流程，以此规范师生行为。具体步骤如下：

第一步：同步互动立规；第二步：同步互动备课；第三步：同步互动上课；第四步：同步互动作业；第五步：同步互动研讨。

对每一位参与此项工作的教师提出了六项任务清单：（1）每一学年教师参加1次技术培训；（2）每一学年主讲教师线下送教1次；（3）每一学年接收教师上互动展示课1节；（4）每一学年三地学生线下互动交流1次；（5）每一学年以主讲学校牵头开展1项小课题研究；（6）每一个月在学科教研员组织下召开1次线上集体研讨。

经过对参与师生的问卷调查，广泛走访座谈，结合教研员的专业意见，工作领导小组又提出了"文化课为主、艺术课拓展、德育活动尝试、节日文化交流体验"四位一体互动空间的建议，使得学校"互动课堂"的空间更大幅度的开放。

规范的制度、明确的要求，让互动课堂得以有效地开展下去。2017学年，桐庐县以五年级语文、数学、科学三门学科为主，在县域内12所学校开展"基于'互联网＋'跨校同步互动课堂"研究，开课近90节，12位教师、300余位学生参与其中。2018学年，参与年级扩大到三至五年级，涉及语文、数学、科学、英语、音乐、美术6门学科，开课142节，50位教师、1000余名学生参与。

四、网络研修，助推师生成长的新路径

每个同步课堂团队组建"××学共体××学科"网络研修群，主讲教师为群主，协商制定相关工作群制度，并充分利用便捷的互联网功能，开展"群视频磨课""群布置预学""群沟通设备情况""群共享课堂学习""群视频课后研课"等线上研修方式。这种新型的教师学习圈把三地教师联结在一起，增加互动频次，也增进彼此关系。

技术赋能教育均衡

学科教研员在参与磨课、听课、评课的基础上，从"每月共研""教学共研""课题共研"三个维度介入教师成长的培养，与教师团队组成成长共同体，有序安排主讲教师"线下送教"，接收教师"主讲授课"。

团队在经历了一次次磨课、修改、推翻、重构后，逐步提炼出了五类课型：主导合学型、先学共研型、分享交流型、协同发展型和微课助学型。结对学校间教师的教学参与性、指导性更强了，学生的参与度和学习有效性得到提升。

五、跨校同步，取得互动互惠的新成效

经过两年的实践，14所接收学校教学质量有了较大幅度的提升，参与实验教师的专业水平得到快速提升。两年中，有29名教师获优质课奖项、32名教师评为县教坛新秀、9名教师评为市教坛新秀。

师生调查问卷结果显示，学生对"互联网＋"同步课堂的满意度达100%，学生非常喜欢这样的教学方式，特别期待一周一节的互动课堂，也非常高兴结识了更多的学习伙伴。教师的满意度达95%左右，认为这样的形式能快速提升教师的教学能力，也会改变传统的讲授式教学模式。

正如青年教师李杉杉说的那样："跨校同步课堂的推进，学生在成长，教师也在进步。我不出校门，利用网络就能与名师同研一篇文、共上一堂课，自己的专业水平获得了快速提升。今年，我被评上了县教坛新秀，是教育技术的应用让我有了长足的进步。"

"互联网＋"同步课堂，我们将继续探索。

桐庐县教育局

（执笔人：俞　虹　钟赛兴）

扫码观看视频

第三节 松散型教育联盟

松散型教育联盟是结对帮扶的主要形式,包括县域内的城乡结对和跨地域的省内外城乡结对。每所学校都是独立个体,既有灵活优势也协同面对挑战。

"特快专递"送给特别的你

"怎么办?拓展性课程要怎么开展啊?结对学校,你们能不能派人来教教我们?"

"求助!求助!我们学校没有美术教师,全校几乎找不出一幅高质量的画了!"

"我知道这里太偏僻了,杭州市胜蓝实验小学(以下简称'胜蓝实验小学')老师赶不过来,可青年教师真的非常需要师傅啊!"

从2016年下半年开始,胜蓝实验小学不断接到这样的求助电话,这些电话来自文成县、淳安县、江山市等地的结对学校。因为地处偏远,师资力量薄弱,当面临省教育厅提出在2017年全面实施拓展性课程的要求时,这些学校感到困难重重:许多教师对"拓展性课程"这个名词闻所未闻;有些小学没有专业教师,无法开展体艺特长类拓展性课程;语文、数学等学科教师在开展实践活动类拓展性课程时也一筹莫展。所以,胜蓝实验小学是这些学校的希望。

然而在这一年,胜蓝实验小学本身也面临着巨大压力:多位教师休产假,课务分摊给其他教师后导致在校教师工作量严重超额,再抽调骨干教师到结对学校上示范课后,他们任教班级的家长意见纷纷。为了防止正常教学受到影响,胜蓝实验小学每学期只外派两位教师送教下乡。实践证明,送教下乡会受到时间、地域等人力物力方面的限制,并不能完全解决农村学校的燃眉之急,也不能满足农村或薄弱学校对优质教育资源的渴求。面对困境,帮扶结对工作要如何推进？

胜蓝实验小学依托之江汇教育广场，在浙江省数字教育资源应用实践基地学校平台上进行课程指导与示范，借助互联网，城市名校的优质课如同一封封"特快专递"，被迅速、精准地送到结对的乡村学校。

一、为脱离困境而起步：微课程"从一到十二"

胜蓝实验小学首先在平台上尝试推出了拓展性课程——三年级"脑动力"微课程。微课程是浓缩的精华，它把教学素材、配套资料、学习反馈、交流互动等融为一体，数个微课程就可以把一门学科的拓展知识由点到线贯穿起来，逐渐形成完整的拓展性课程体系。麻雀虽小五脏俱全，每一个微课程中都含有微课脚本、幻灯片、微课视频、配套练习和答案。每个学生都可以结合基础性课程的学习情况，自主进行线上学习、线下练习、在线校对答案，完成自我评价，最后将结果汇总至教师，再由教师通过访谈等进行个性化指导。第一批十二节数学微课一上线，就受到了学生和结对学校教师们的热烈欢迎，短短两个月，微课程的点击量就破万了！结对学校的教师说："这种拓展性微课程的开发模式，我们看得懂、听得懂、做得到，我们一学就会。真便捷！真高效！"

在结对学校师生的热情鼓舞下，胜蓝实验小学数学组教师趁热打铁，花费了一年的时间，从一册十二节微课到十二册一百四十四节微课，把小学数学拓展性课程完整、系统地开发出来并推送至浙江省数字教育资源应用实践基地学校平台。这样的教学指导和示范方式不受时间、空间的限制，送教下乡的教师不用赶赴结对学校现场，省内城市和乡村学校的所有师生都能够通过网络进行学习，因此网上下载数量呈几何级上升，有效点击量逐渐突破20万次。

二、因无偿共享而壮大：微课程从单学科到多学科

许多网络课程要收费，胜蓝实验小学的微课程却无偿地共享给全省的师生。微课程开发者虽然十分辛苦，但收到良好的用户反馈后，他们获得了巨大的成就感，对此甘之如饴。现在，胜蓝实验小学已不仅仅局限于单一的数学学

科，对语文、科学、美术等多门学科都进行了拓展性课程的开发、实践与共享。如语文组的"幻想小说主题群书创意读写"课程，开发出"初识幻想小说的平行时空""感受幻想小说的现实世界""探寻幻想小说的奇幻世界""设计幻想小说的通道"和"创建自己的幻想王国"五个子课程群。美术组开发的"童韵竹刻"课程，是在互联网背景下进行的"非遗"课程网络同步教学，也已在浙江省数字教育资源应用实践基地学校平台的个人网络空间中上线。该课程引导乡村学生要因地制宜，学会就地取材，在广大农村地区特别有影响力。

"墙内开花墙外香"。除了温州、金华、衢州、建德等省内的结对小学陆续加入平台的学习中，新疆阿克苏部分小学也向我们发出了学习请求，2018年浙江省教育技术中心给他们特批了师生账号，一起共享优质教育资源，践行杭州"美好教育"范式，真正推进教育公平与均衡。

三、受时代召唤而革新：从小微课程到同步课堂

"互联网＋义务教育"是时代的召唤。浙江省2019年民生实事项目之一就是"全面推进'互联网＋义务教育'，推进1000所中小学校结对帮扶，让城乡孩子共享优质教育资源"。2019年1月，胜蓝实验小学与临安区河桥镇小学石瑞校区成为跨区域协同学校。

临安区河桥镇小学石瑞校区地处偏僻，虽然是一所完全小学，但是在校学生只有42名，没有专职的音乐教师和美术教师，师资力量薄弱。结对签约后，胜蓝实验小学发现线上的微课程及时性不够，教师指导有滞后性，如学生唱错了或发音错了，教师无法当场纠错指正，微课程的针对性不强，临安区河桥镇小学石瑞校区无法配足专职的艺术教师，学生们连音乐书上的歌曲都不会唱，更不要说去学习音乐拓展性课程

图6-7 音乐同步课堂

(二) 技术赋能教育均衡

了,微课程并没有解决他们的实际困难。

怎么办?胜蓝实验小学迅速调整了帮扶内容,把"小微课程"调整为"同步课堂"。当两校有了同步直播教室后,胜蓝实验小学的教师在讲课,两地学生能同时听课,师生分处两地却能在同一个课堂上讨论、交流、互动,反馈迅速即时,纠错指导高效。临安区河桥镇小学石瑞校区的学生因此高兴地说:"太棒啦!我们终于有专业的音乐课了!"

随着帮扶工作的深入,胜蓝实验小学与时俱进,在同步课堂的内容与形式上自我革新,突破了学科的限制,拓展到管理共进、教学共研、资源共享、信息互通、师生互动、差异互补等方面,如两校同步进行"教学基本功比武""师德培训""心理健康建设"等。同步课堂的形式也变得丰富多彩,有直播、录播、微课播等。

跨区域协同结对带来了巨大的变化:拓展性课程的建设与实践,提升了学生的学科核心素养,弥补了教师在专业发展上的短板;城乡同步远距、互融共享的学习模式,创建了一个"人人皆学、处处能学、时时可学"的学习型环境。乡村教师足不出户就能学习到城市教师的教学理念,教师的教学水平不断快速提升。

"授人玫瑰,手有余香",无偿共享微课程的胜蓝实验小学也在不断成长,2016年成为首批杭州市智慧教育示范校,2018年成为第二批浙江省数字校园示范学校。2019年有7个微课程被评为年度省级精品微课程。

我们相信,跨区域协同结对是未来课堂的新形态,数字化是未来教育的新方向。未来已来,我们任重道远!

杭州市胜蓝实验小学

(执笔人:刘琴霞)

扫码观看视频

"望洋"不再"兴叹"

星罗棋布的岛礁,使舟山有了"千岛之城"的美誉。虽然舟山拥有自然资源优势,但是本岛和各海岛之间的交通受天气状况的影响较大,这给区教研室组织全区性研讨活动和岛际学校之间开展互动交流带来了诸多不便。就连举行一场毕业考试或组织一次教师培训,也要顾及天气情况,充分考虑监考教师或参训者回程的航班时间。

往昔

时间:2017年3月5日

地点:舟山市普陀区沈家门小学报告厅

活动名称:城乡教育共同体活动[舟山市普陀区沈家门小学(以下简称"沈家门小学")——舟山市普陀区六横镇双塘中心学校(以下简称"双塘中心学校")]

活动主题:创建特色教研组成果汇报

参加人员:沈家门小学全体教师、双塘中心小学部分教师

> **3月5日舟山市天气预报**
>
> 今天阴有阵雨,下午转阴到多云,夜里起阴局部有雨。明天多云到阴,明天夜里阴局部有小雨。后天阴有雨。全市今天、明天最高气温都是12℃,明天最低气温7℃,后天最低气温8℃。受大风影响,我市部分岛际交通停航。

城乡教育共同体活动如期举行,尽管天空中有零星小雨,来自双塘中心学校的教师还是准时来到了沈家门小学报告厅参加活动。活动中,沈家门小学的各个学科教研组展示了自己教研组创建的特色成果,形式多样:有的教研组由组长一人汇报,有的教研组由多位教师轮流进行介绍,有的教研组播放了课堂

教学过程的视频，有的教研组亮出了创建过程中的活动照片，有的教研组展示了学生的作品，有的教研组对创建工作进行了回顾总结，台上台下热烈交流……活动持续时间较长，天色渐渐暗了下来，窗外竟然响起噼啪的雨声，来自双糖中心学校的教师逐渐有些心神不宁了。他们时不时地看看时间，脸上满是焦虑，想必是想在今天晚上赶回六横镇去。最后作活动点评和总结的发言人意识到了这一情况，只好匆匆收尾。然而，当双塘镇中心学校教师急匆匆地赶到码头，得知已经停航，他们唉声叹气，只能"望洋兴叹"。

今朝

时间：2019年9月6日

地点：舟山市普陀区沈家门小学演播厅

活动名称："互联网＋"同步课堂教学展示活动（沈家门小学——桃花中心学校）

活动主题："互联网＋"同步课堂的教学研究

参加人员：沈家门小学全体教师、桃花中心学校部分教师

9月6日舟山市台风紧急警报

今年第13号台风"玲玲"（超强台风级），今天8点钟，它的中心已到达定海东南方向大约350公里的海面上，即北纬28°1′，东经125°，台风中心气压930百帕，近中心最大风力有16级。目前，台风中心正以每小时25—30公里的速度朝偏北方向移动，预计未来继续朝偏北方向移动，沿东经124°—125°之间北上，将于今天下午到夜里经过舟山同纬度海域，强度维持。受其影响，今天我市阴有阵雨或雷雨，雨量可达大雨局部有暴雨，并可能出现短时强降水，舟山沿海今天东北到北风8—9级增强到11级，下午起偏北风转北到西北风12级，其中东部沿海风力13—14级。受台风影响，我市岛际交通全线停航。

窗外，台风"玲玲"肆虐，暴雨倾泻而下；窗内，柔和的灯光下，屏幕那边的桃花中心学校的孩子们和屏幕这边的沈家门小学的孩子们正在同步学习课

文，琅琅的书声跨越了汪洋大海，掠过了惊涛骇浪，将两校的距离从远隔几十里拉至零距离，实现了海岛之间的同步课堂、教学互动。课后，两地教师畅所欲言，上课教师畅谈设计意图和新体验，其他教师认真评课。如此恶劣的天气也不能磨灭两地教师教研的热情。

今朝胜往昔

"互联网+"对教育的革命性影响正日益显现，教育的各个领域正在进行一场深刻的变革。当教师培训与"互联网+"相遇，真可谓是恰逢其时。

变常规教研为网络教研。传统教研由于受到时间、空间的限制，参与面小，交互面更小，想要小岛上所有教师全程来本岛参加活动，这在以前是绝对不可能的，因为绝大部分教研活动安排在上班时间，教师往往需要停下班级工作才能前来参加。教研活动受时间限制，只有少数几个人能发言，多数人难以充分表达意见。而依靠"互联网+"，这些问题都迎刃而解了，海岛教师足不出户就可以参与活动，不仅可以免受旅途劳累之苦，而且为学校节约了培训经费。

变个体备课为协同备课。"互联网+"环境下的备课方式大大"升级"，整个备课过程始终在团队研训中进行，个体从团队中汲取集体智慧又为团队发展作出贡献，团队智慧的提升又加速了个体本身的发展。教师备课时要结合两地学生的特点，预设两地学生可能提出的问题，还要考虑哪几个教学环节可以设置多向交流。主场教师备好课后与客场教师进行交流讨论，双方再对教案不断进行修正。双向思考问题，结合学情、教学风格对备课内容进行再思考、再创新，让协同备课真正地为教学服务。教师在协同备课过程中不断得到历练，把握教材的能力和课堂执教水平明显提高。

变"一校独享"为"资源共享"。对海岛学校来说，邀请专家和名师来校讲座、指导，是一件非常困难的事情。受邀专家得经过一路颠簸，所以海岛学校的教师想要和专家面对面交流，以前几乎是一种奢望。舟山市教育技术中心为推进全市智慧教育工作，提升教育信息化水平，促进技术与教学的深度融合，成立了"舟山市技术与教学融合应用联盟"，设置了14门系列培训服务课程，这个联盟汇集了舟山市内信息技术方面的名师，他们各有所长，但是培训范围只

技术赋能教育均衡

限于本岛学校，海岛学校却求之而不得。"互联网＋"环境下，师资培训可以在网上同步进行。在沈家门小学举行的名师讲座也能实时共享给海岛教师，优质资源因此得到了最大程度的共享。

图6-8　两校同步课堂教学展示活动

毋庸置疑，"互联网＋"为教师研修的变革提供了无限可能，打破了时空的界限，实现了"望洋"不再"兴叹"！

舟山市普陀区沈家门小学

（执笔人：李　薇）

扫码观看视频

第七章

技术赋能优化教育治理

以现代教育技术为手段,撬动城乡教育"学共体"管理体系变革,倒逼教育体制机制、教育方式、教育评价等深刻变革,是"最多跑一次"改革在技术赋能教育领域的延伸与拓展,这有利于推动城乡学校管理共进、教学共研、资源共享、信息互通、师生互动、差异互补,促进城乡义务教育优质均衡发展。

第一节
课堂教学联城乡

教育是有温度的，信息技术的连接发展到城乡师生的连接，让课堂充满人文情怀，形成城乡联动的暖心课堂。

时空连线，小岛有名师

一、微型学校，孤岛空悬

杭州市富阳区东洲中心小学五丰校区（以下简称"五丰校区"）位于东洲街道最东端的五丰岛上，大江相隔两岸，孤岛空悬，南北只有渡船可以往来，交通和生活极不便利。五丰校区因此逐渐成为微型学校，整所学校一共只有44名学生。有一群教师一直默默地在五丰岛上坚守，有在这里任教了21年的老教师，也有刚刚投入教育事业的年轻教师。他们早出晚归，每天来回一百二十余里，不畏严寒酷暑，无怨无悔地投身农村小学教育事业。他们的坚守和奉献感动着五丰岛上的家长和学生们。

为保证五丰校区有充足的教师资源，每年有2名新教师会加入五丰校区的大家庭。因此五丰校区的教师多是学校的年轻骨干，他们充满干劲，充满热情，渴望学习与发展。但由于交通不便，教师去公望校区参加半天教研活动的愿望很难实现，青年教师专业化发展成为难题，如何让这群斗志昂扬的青年教师心甘情愿地扎根小岛呢？

二、名师资源，时空连线

云数据系统让小岛有了"名师资源"。

小岛老师因为年轻缺乏经验，渴望有老教师手把手帮助。五丰校区引入云数据系统，有电脑端、手机客户端、网页端。每位老师有一个账号，可以查阅、上传、删除、下载东洲中心小学云数据中心里的资料。所有资料分类存放，其中备课资料全部存放在备课中心且不设权限，教师可以随时随地通过手机、电脑观看优质课堂录像。

互动设备让小岛老师与名师共备课。集体备课、教学研讨能助力教师专业发展，因此，学校新增了录播与互动教研系统，利用互动课堂设备将互动课堂的模式运用到集体备课、研讨中来。让小岛老师足不出校便能与其他校区教师一起研讨、交流。灵活的在线集体备课方式大大提高了集体备课活动的效率和质量。

交流研讨主要分为课前和课后。课前，在各科各年段备课组长的组织下，各备课组自行备课。小岛老师通过电子大屏连线中心学校参与集体备课，和组内教师进行交流。课后，教师利用线上沟通群组，在群内进行自我反思和质疑，其他教师在群内答疑解惑。这种集体备课模式和线上交流模式，让小岛老师对日常教学不再迷茫，名师指点让他们上课更有底气。

同步课堂让小岛有了"名师课堂"。学校携手省级语文名师蒋军晶、区级美术名师朱立峰等开展名师工作室活动，将教研课和常态课通过同步课堂的方式带入小岛。

下面以"玲玲的画"一课为例，分享中心校与五丰校区的一次同步课堂。

主教助教，共同备课。备课前，主讲教师和助教教师事先交流学生情况。在与助教教师充分沟通后，选择了"玲玲的画"一课作为本次同步课堂的内容。课文一共有9个自然段，篇幅短小，故事内容却一波三折。全文由玲玲和爸爸的对话构成。在确定了上课内容后，主讲教师设计教案并传送给助教教师。然后两位教师再进行商议、调整。教案确定后，主讲教师将教案、课件、作业单等上课必需品传送给助教教师，两位教师各自做好课前工作。

同步课堂，各司其职。主讲教师和助教教师共同开始上课。本课教学一共设计了三个环节：一是图画揭题，巧识生字。学生根据主讲教师出示的图片识记"幅""奖""催"等生字。并指名一名小岛学生带领所有同学朗读这些刚学的生字。二是初读课文，感知大意。学生自由朗读课文后，采用填空式方法说

技术赋能教育均衡

图7-1 中心校和五丰校区教师课后研讨互动现场

一说课文大意,主讲教师分别指名小岛学生和中心校学生回答。三是由词入文,涉情感知。主讲教师抓住"端详"一词,让两边学生一起猜测"端详"一词的意思,并通过角色转换让两边学生体会玲玲当时的内心。四是互相评价,指导书写。两边学生通过观察屏幕评价同学的书写,助教教师在课堂中做好跟进辅导。

课后研讨,必不可少。课后,主讲教师、助教教师和听课教师共同对这节课进行评课。先由主讲教师对本课的设计和课堂教学进行说课。再由助教教师,以本课设计者和课堂参与者的身份,对课堂中出现的问题进行提问、点评。最后其他听课教师各抒己见。

三、时空连线,守望小岛

清风徐来,水波四起,金光万点。站在渡口远望,美丽的五丰岛如一块碧玉镶嵌在春江之上,这是一种自然美。时空连线,让小岛有了名师,这是一种文化美。时空连线,让小岛老师专业成长,让小岛老师更愿坚守在小岛上,这是一种人文美。时间在前行,守望在继续。

杭州市富阳区东洲中心小学

(执笔人:羊晓霞 朱立峰 华树森 汪伟钢 裘 成)

扫码观看视频

"互联网+义务教育",让STEM教育走进大山

在衢州市常山县五里中心小学象湖教学点的校园内,有百余名孩子,他们日常除了语文课、数学课以外,少有其他课程安排,看着一张张充满活力的笑脸,在力所能及的范围内,我们应该做一些事情!

师资是困扰偏远地区学校为学生提供前沿教育信息的难题之一。5G时代的来临,让网络传输速度进一步提升,为进一步提升教育信息的互联打下了坚实的基础。不同地区的教育师资情况不同,如何将优质资源向薄弱地区倾斜?

杭州市胜利实验学校(以下简称"胜利实验学校")乘"互联网+义务教育"的东风,与常山县两所学校结对,组织了同步互动课堂,为在远方的孩子提供学校不具备的特色课程。

因是首次开展"互联网+"课程,在课程开设之初,杭州市胜利实验学校(以下简称"胜利实验学校")校长张浩强先行考察常山县结对学校的具体情况,了解实施过程中可能存在的困难和问题,再由上城区教育学院的信息教研员方顾老师和技术人员唐幸忠老师带着支持信息互联的硬件等设备,到常山县搭建互联课堂所需要的网络环境,结合全媒体融合平台为在线实时互动教学做准备。

一、双师课堂,两校同步实施STEM课程

2019年6月12日,在衢州市常山县五里中心小学象湖教学点的校园内,五年级教室里来了一位面带微笑的陌生女教师。她熟练地打开多媒体设备,屏幕上显示出"STEM课程'降落伞'"。STEM课程是什么?在座的五年级学生并不十分清楚,但这堂课他们期待了很久。

"STEM"是科学(Science)、技术(Technology)、工程(Engineering)、数学(Mathematics)四门学科英文首字母的缩写。STEM教育强调以学生为主体,学生在真实情景中,分析、解决问题,综合应用多门学科知识,进行跨学科的深

度学习。

"降落伞"一课以航空航天领域中的资源回收问题为主要研究内容，要求学生设计出具有一定安全性的降落伞。该课由胜利实验学校教师王司闫执教。学习活动的主场地设在胜利实验学校，分场地设在常山县五里中心小学象湖教学点。王司闫老师借助互联网技术，同时对两个场地的学生展开教学。全部学生被分为8个小组。浙江教育出版集团青云在线的张梦娜老师在常山县五里中心小学象湖教学点辅助教学。

正式上课前，王司闫老师通过镜头要求远在常山县的同学伸出手指比画成一个"人"字。这时杭州的同学通过屏幕看到的是个"入"字，等大家发现这是镜像效应时，大家都笑了。小游戏让屏幕两边的学生快速熟络起来，开启在线互动。

图7-2 "人"和"入"互动游戏

第一天的课程，是让各小组通过观看"神舟"飞船返航的真实情境，了解航天领域中降落伞的作用，并拿到"在200元经费的限制条件下，限时完成降落伞的方案设计与制作"的任务单。明确任务后，学生开始了准备工作。两地学生通过在线问答和小组讨论，学习了降落伞的工作原理、影响因素和制作技巧等。

等到第二天，各小组都早已按捺不住"想动手"的心情。他们根据降落伞评价标准、设计方案，再选择不同的线、布等材料，测量、剪裁、制作降落伞模型。

降落伞根据落地平稳、打开速度、经济实惠三个指标来进行评判。制作完成后,各小组开始测试降落伞。他们要根据降落伞打开和落地的情况,再优化模型。"我们不断改进了降落伞模型,现在落地很平稳,材料费用也很少,希望室外测试能完美通过。"胜利实验学校第二组的小王同学说。

最让他们兴奋不已的是室外测试的环节。各小组利用矿泉水瓶完成水火箭的模型制作后,在水瓶里灌入三分之一的水,再打气发射降落伞,每个降落伞下系着一个鹌鹑蛋。看到水火箭带着降落伞从高空落下,同学们紧张地握着拳,很担心降落伞上携带的鹌鹑蛋碎掉。第一次高空降落时,有半数的鹌鹑蛋完好降落,但也有好几个鹌鹑蛋破碎了……"我们的降落伞飞得好高,鹌鹑蛋却安全着地。我太激动了,拿降落伞时,我不小心把鹌鹑蛋捏碎了。"第六组的刘同学有点哭笑不得地说。

室外测试时,各小组需要观察降落伞落地的全过程,利用无线编程器每隔0.1秒采集一次降落伞模型的加速度数据。各组根据初步收集的数据,分析降落伞的运动状态,再一次优化模型。

最后是展示评价环节,8组学生依次展示了自己组的成果,通过小组互评,确保学习目标的达成。

反思这次互动课堂实践,"课堂整体效果不错,但因为客观环境,教师难免会对现场的学生观察得更多,对远程的学生观察较少。上好互动课堂,如何通过互联网实现双师配合,是一个值得继续研究的课题"。

二、线上线下配合,三维建模初体验

常山县招贤小学溪上教学点五年级的学生都是留守儿童,平时只有老人在家陪同,不能经常与父母见面,他们对父母有许多思念。当问到想对家人说些什么的时候,有的想感谢父母在外辛勤劳动,请他们放心;有的想感谢爷爷的辛勤照顾……

胜利实验学校的余国罡老师专程来到衢州市常山县招贤小学溪上教学点给同学们现场授课,这是一堂以"爱的礼物"为主题的设计思维课程。而今后同学们将通过网络教学平台在线完成三维建模学习。在余国罡老师的引导下,学生借助在线建模平台学习三维建模的初步知识,并利用所学,为自己的亲人制作了一款3D打印礼物。

本次使用的三维建模软件有云存储、易上手、资源丰富等特点。虽然学生的计算机操作水平差异较大，但经过余老师的讲解，很快掌握了要点。移动、旋转、分割、组合，短短的一个小时，他们就设计好了自己的模型作品并上传到打印平台。不久，学生收到了自己的3D打印作品，这些学习成果是他们送给亲人最好的礼物。

短短的一节三维建模体验课，给学生播下了三维建模学习的种子，他们还可以继续通过网络学习余国罡老师提供的视频微课。

此次视频微课取得了较好的教学效果，离不开上城区教育学院、浙江教育出版集团等单位的大力支持。基于互联网技术，让大山的孩子们也能玩转STEM教育，学习三维建模。促进不同区域教育均衡发展，我们正在践行。

"互联网＋义务教育"是促进优质教育资源共建共享、城乡义务教育优质均衡发展的策略之一，将学校的优质资源输送给需要资源的学校，对未来教育具有重要的意义。"用科学技术推动教育均衡的发展，让每个孩子都能平等享受优质教育资源"是"互联网＋"环境下的新型教育生态。

杭州市胜利实验学校

（执笔人：余国罡　王司闫　方　顾）

扫码观看视频

第二节
课程资源进家庭

教育是全方位的,学校、家庭、社会三位一体,构成了教育的完整体系,延展了教育的理念与内容。

校园电视台进客厅,在家也能上"大课"

"下个步骤要怎么对折?""看我剪的'囍'漂亮吧。"2019年7月26日,绍兴市上虞区陈溪乡中心小学(以下简称"陈溪乡小")空闲了大半个月的教室中出现了10多名学生的身影,他们围拢在显示屏前,认真观看视频中的剪纸技巧。陈溪乡小副校长夏少军介绍,乡村孩子能在暑期开展拓展性学习,要得益于城乡结对学校搭建的校园电视台专用频道。绍兴市上虞区实验小学(以下简称"上虞区实验小学")的校园电视台走进学生家庭客厅、走进城乡结对学校,将上虞区实验小学的优质课堂、特色课程推送到陈溪乡小学生家里,让陈溪乡小的学生也能同步享受城镇的教学资源。

学生看电视不但不会受到批评,还会赢得家长的表扬,校园电视台走进家庭客厅,在家学习在上虞已蔚然成风。

一、把学习搬上电视

"每周陪着孩子看两节思维课,这对他数学成绩提高非常有帮助,这次学校举行的思维达人比赛中,孩子获得了金奖。""让他跟着电视中的微课程,学做收纳箱、煎荷包蛋等,吕尚掌握了不少生活技能。电视台中的生活类微课程系列非常实用。"吕尚妈妈直夸上虞区实验小学的专用频道做得好。

目前,省内各地区的家校互通大多以手机为主,形式单一。因此,提供一

技术赋能教育均衡

个更优质的家校互动平台具有十分重要的意义。2018年9月,上虞实验小学借助中广有线公共资源,建起了新的平台——中广有线实验小学专用频道,将舜童校园电视台录制的优质新闻节目搬上了屏幕,将华数教育资源传递到每个家庭,把拓展型学习类微课、视频搬上了电视。

学生和家长茶余饭后相聚客厅,打开电视,点击上虞区实验小学专用频道,可以看到TV课堂、求索、10分钟数学思维、生活中的奇思妙想、舜童才艺、国学经典……在上虞区实验小学专用频道里,既有华数的教育资源,也有学校教师自主开发的特色课程。

在绍兴市"七巧板"科技大赛中,上虞区实验小学的孩子们搭出了上虞地方历史故事"曹娥救父""象耕鸟耘"等七巧板组合图,荣获绍兴市团体一等奖,这得益于郭亚萍老师开发的"七巧板"课程。

七巧板既是学具又是玩具,具有灵活性又有可塑性,拼搭变化无穷,孩子们对七巧板非常感兴趣。郭亚萍老师将孩子们利用七巧板拼数字、字母、动植物、人物的活动场景制作成16个微视频,并融入七巧板文化、上虞孝德文化等内容,按照基础练习、家庭系列、学校系列、地方系列、现代七巧板五个模块进行分类。这些微视频在电视台上一播放,就收获了家长的好评,参与学习的学生达上千人次。《趣玩七巧板,传承孝文化》系列微视频还荣获了全国第十五届校园影视节目综合类一等奖。

"有了这么好的平台,我们老师更应该为学生提供更多更好的学习资源,向社会和家长展现师生风采。"郭亚萍老师说。

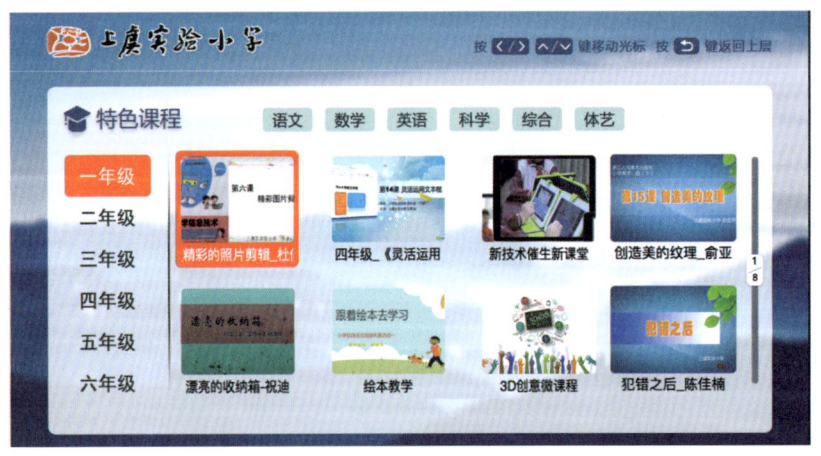

图7-3 特色课程上电视

二、把老师请进家门

"在'快乐星期三无家庭作业'日,我们可以打开电视选择熟悉的老师学技能。""'唐诗吟诵'课程的老师声音很好听。""汽车轮子、窨井盖为什么是圆的呢?电视中的老师讲解得非常清楚,我终于明白了!"

在上虞区实验小学,学生每年可选择的拓展性课程有60多门。科学老师姜小卫、章兴波开发了"生活中的奇思妙想"课程,并且担任了微课的主讲老师,他们将"水面漂硬币""吸管排笛""火山爆发"等课程做成系列微视频传到平台上,让更多的学生与父母一起在家探索科学的奥秘。邵焕老师擅长剪纸,她将美术教材中的剪纸内容整合成12堂微课,形成"窗花""生肖""名人""节日文化"等系列微课,深受孩子们的喜爱。

学生在校学习,授课教师数量有限,自从家里有了校园电视台,学生能接触到上百个不同学科的优秀教师。家长也可以同孩子一起欣赏老师上课的视频,在轻松愉快的气氛中,与孩子互动交流,既能获取知识,又能加强亲子沟通。

上虞区实验小学专用频道内容丰富,家长还可通过点击频道中"一周动态"了解学生在校学习内容、校园活动,同步知晓学校的一周动态。当家校互访月开启后,家长可以足不出户就参加各自年级的家长会,聆听专家育人经验,了解学生日常在校情况,便捷又省事。

"在家里的客厅观看电视,学习丰富的网络课程,得到名师的教导,我们家长省心不少。"该项目开展以来,结对学校的家长纷纷夸赞校园电视台。

三、让梦想随处可栖息

一说起学校的好,家长有说不完的话。但最让他们感到开心的是看到孩子们在校不断成长。章嘉怡因为观看绍兴市校园科学达人初选大赛视频,迅速爱上了魔方,开始自学魔方,借助校园电视台中的"玩转魔方"系列微课,刻苦钻研,章嘉怡爸爸深感欣慰。

给学生以舞台。校园电视台秉持"舞台属于每一个"的育人理念,开设了"校园之星""七彩活动""舜童才艺"一系列专栏,给学生以展示的舞台。

每周三晚上，沈伊楠奶奶会准时打开电视，观看自家孙子在舞台上主持的校园节目。节目一结束，她便和街坊邻居分享观后感："今天又看了一回上虞区实验小学的校园节目新闻，真不错，我家孙子又上台了。"

给课程以平台。上虞区实验小学每年都有精品课程、特色课程获区级、市级奖项，这些优秀教师、特长教师开发的课程资源，值得进一步推广。这些优质课程让更多的学生受益，也展示了课程设计者的教学艺术。

校园电视台进客厅，拉近了家庭与学校的距离，也成为城乡互动、教育帮扶的新机制。让偏远地区学校的学生通过电视看到大千世界，开阔了他们的眼界，激活了他们的梦想。"孩子在陈溪乡上学，除了学校老师会帮助指导孩子学习，在家也能接受其他地方名师的指导，这样的帮扶特别好。"陈溪乡小王书法欣慰道。

校园电视台进客厅，丰富了教育供给方式，基本满足信息化教学需求和个性化学习需求，对构建网络化、数字化、个性化、终身化的教育体系，建设"人人皆学、处处能学、时时可学"的学习型社会，促进家庭和谐、社会进步发挥了积极作用。

面对新时代，百年实小要传承过往，更要在信息化大潮中勇立潮头，开拓未来。发挥学校的师资优势，校企通力合作，让校园电视台走进更多的家庭，将知识与文明传递给更多的家庭、更多的学生！

绍兴市上虞区实验小学

（执笔人：经建美　祝浩军　阮军灿）

扫码观看视频

老师"陪"你回家，留守不再无助

路过902教室时，同学们正激烈地讨论着开学初科学测试的答案，"碳酸钠的俗名、酸碱中和反应的实质、氯离子的检验……暑假笔记里好多内容都考了。"你一言我一语，大家都在感慨暑假笔记是"宝藏"，这个笔记是哪来的呢？原来这个假期老师一直"陪着"他们在家预习！

丽水经济开发区中学坐落在水阁工业区内，工业区聚集了来自全国各地的务工人员，他们的子女也随之来此就读。学校现有44个班级，2054名学生，其中外来务工子女占80.3%。家长们忙于生计，每天早出晚归，无法兼顾孩子的学习和生活。漫长的寒暑假，孩子们只能独自待在出租屋里，一个人写作业。他们缺少陪伴，学业没有人辅导，基础又薄弱，说到成绩情绪就很低落。教师经常利用课间休息时间把学生叫到办公室进行一对一辅导，但杯水车薪。

安居才能乐业，为了让产业工人更安心，让孩子们享有更优质的教育服务，在"互联网+义务教育"的背景下，丽水经济开发区中学依托之江汇教育广场开启了"在线辅导"。

一、微课预习——我与"老师"共度假期

在2018年寒假，同学们不再是漫无目的地在家看电视打游戏，他们在老师的"陪伴"下度过了一个特别的假期。期末考试的最后一天，老师告诉同学们自己会送给他们一份新年礼物，还没放假同学们就开始期待这份神秘的礼物了。

到底是什么呢？放假第三天谜底揭晓了，老师为他们量身定制了"微课预习"——利用浙江微课网等平台的微课资源，通过之江汇教育广场发布课前导学。每天让同学们看三分钟左右的动画片，两位主人公"小胖子"和"小瘦子"每天都会跟大家分享自己已经学会的知识。例如元素符号的书写、化合价的背诵、化学式的书写等。原来这个动画片就是老师给大家准备的新年礼物，同学们觉得两位主人公讲解细致幽默，讲课时间又短，很快就学会了化学式的书写。

2019年暑假，老师也用同样的方法让同学们预习九年级科学上册的化学部分，并且可以在笔记本上记录自己的学习心得和笔记。902班杨欣媛同学学习很认真，但科学基础比较薄弱，成绩一直在中下徘徊。这个暑假她跟着"小胖子"和"小瘦子"认真预习，科学成绩开始稳步上升，她做的笔记还被老师作为范本发到家长群里表扬。教师节的时候，她给何老师写了一封信，她在信中说，"自从今年暑假第一次完成微课预习笔记，您在家长群里表扬了我，这对您来说是一件小事，但受到您的肯定让我开心了很久，接下来的日子我都在期待着科学作业"。开学后两次单元测试杨欣媛都考到了80分以上，超过了班级平均分。

二、课堂再现——我把"老师"请回家

经过假期的"微课预习"，同学们对化学式的书写兴致盎然。可是碰到化学方程式的计算，又开始犯难了。学生数学基础差，一看到计算题就很畏惧，听课时不少人皱起了眉头。老师的内心开始犯嘀咕了，是自己讲解的方法有问题还是讲得太快？她在班里做了调查，询问了同学们的意见，大家普遍反映计算比较难，课上听一遍很难懂。老师开始思考，如何反复强化知识点呢？于是，"课堂再现"应运而生。讲解重点和难点时，开启互动课堂的录课功能，将重点内容书写在一体机上，同学们在家里打开之江汇教育广场的课堂实录，可以再现老师上课时的幻灯片和板书，巩固强化上课内容。911班的林思羽同学说："上课的时候看大家好像都听懂了，我没懂也不好意思问，但现在好了，每天回看课堂实录，虽然在家还是一个人写作业，但感觉老师就在我身边。"

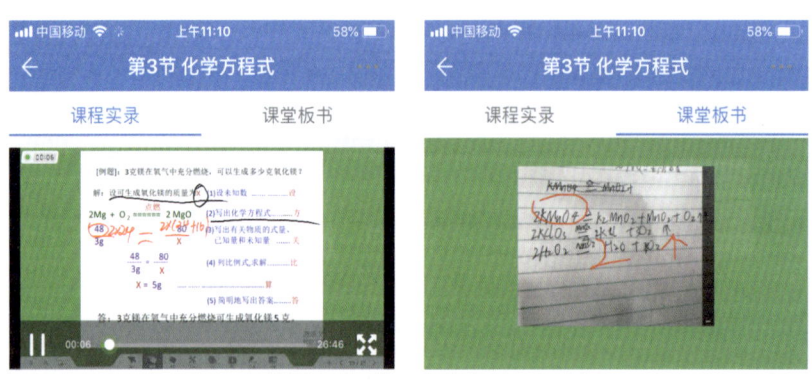

图7-4　课程实录与课堂板书

三、在线讲解——我与"老师"零距离

孩子们开始向以前从不问津的综合性难题进攻了,但总有人在先有人滞后。一天只有40分钟的上课时间,40分钟要上好新课内容,还要讲解作业本,实在有困难。所以老师开始尝试录制微课讲解作业,每天晚上九点钟左右发布在平台上,同学们边观看微课边订正作业。碰到有困惑的题目,可以在线提问,也可以第二天到学校请教老师。"在线讲解"推行以来,学生通过自主批改订正作业,既减轻了老师的负担,又加深了对解题思路的理解。

有了"在线讲解",同学们不再害怕作业中的难题了。周涛和雨涵来到何老师的办公室,他们觉得现在的作业很简单,提出希望做一些难一点的题目。同学们有不同的需求,何老师想着怎么满足他们呢?她开始利用之江汇教育广场发布"在线作业",实现作业分层。

慢慢地,老师开始"偷懒"了,让周涛、雨涵等科学成绩优异的同学帮忙录制作业讲解微课。同学们学习科学的热情更浓了,越来越多的同学加入了"小老师"的队伍。

同学们科学成绩集体性的显著提升得到了家长们的肯定,902班杨天宇爸爸说:"'在线讲解'充当了'家庭教师'角色,解决了我们作为家长文化水平不够,无法辅导孩子作业难题的问题,很感谢老师的用心。"

四、账单梳理——我与"老师"共分析

经过一年多的实践和探索,丽水经济开发区中学依托之江汇教育广场开展的"在线辅导"取得了显著成效。参与主要实践的何娟娟老师完成4篇关于信息技术与科学教学融合的研究论文,相关课题结题并获区一等奖1个,市级课题立项1个,并多次在校内外开展讲座和示范课,成为一名智慧教育讲师。她任教的两个教学班,80%以上的学生都参与了之江汇教育广场同步课堂的学习和空间的建设,科学成绩也有了质的飞跃。

同办公室的数学老师蔡瑞温去年刚参加工作,看到何老师的"在线辅导"开展得如火如荼,她也开始给她的学生发布"每日一题"和微课作业讲解。英

语组的周丽老师暑假期间录制了单词的读法和拼写的微课，让同学们在家预习并识记单词。语文教研组组长王老师每天发布阅读打卡任务，督促学生养成阅读的习惯并做好摘记。

"微课预习"改变了传统的预习方式，让学生"学在前头"，在家提前接收到更多有效的知识。"课堂再现"打破了"学习仅在课堂"的壁垒，学生可以随时随地多次观看课堂实录。"在线讲解"拉近了家庭与学校的距离，"老师"时刻在线，不花任何费用就能享受"一对一"的作业辅导。

与此同时，"在线辅导"的探索也还任重道远。如何监管和控制学生使用手机的时间？微课的录制需要投入大量的时间和人力，如何快速建设校本资源平台充实资源量，还需要不断调整和完善。丽水经济开发区中学将一直秉持"多彩共融、和美同行"的核心办学理念，继续在探索"适合新居民子女的教育"之路上昂首阔步。

丽水经济开发区中学

（执笔人：何娟娟）

扫码观看视频

第三节 体制机制强保障

教育是有序的,将各地各校在"互联网+义务教育"推进过程中的方法和举措固化为制度规章,才能为可持续发展提供保障,为不断优化完善提供思路。

点线面体,同质同频同成长

一、山重水复疑无路

随着移动互联网和智能终端的兴起,我们快速进入了移动互联时代。"互联网+义务教育"是教育改革之路上的创新探索,也是未来教育信息化与教育改革方向的重点。开化县为了正确把握"互联网+义务教育"的实践方向,正努力探索出一条创新之路。

开化县许多城区学校的优秀教师正投身于"互联网+义务教育"的教学改革中,以这些优秀教师为原点,将同质农村学校、农村与城区学校的命运紧紧联系在一起,将光芒照射到共同体内的每一所学校。吴有荏老师就是其中一位,她原是开化县实验小学优秀语文教师,在改革的浪潮中,毅然挽着"互联网+义务教育"的臂膀走进开化县齐溪镇中心小学(以下简称"齐溪镇中心小学")。殊不知她的这一举动,给几所农村小学都带来了强烈的冲击与巨大的变化。

二、梅花点点报春来

九月,阳光依旧热烈。吴有荏老师在正式上课第一周就开始了"互联网+义务教育"的实践之路。在和同事交流的过程中,她自己打趣道:"'互联网+义务教育'就像新物种,我们要在这里寻找到最好的土地,让它长得茁壮。"

（一）问渠那得清如许

八月，在得知要去支教的那一刻，吴老师就积极主动和开化县何田乡中心小学建立了联系，与任教二年级的余晓慧老师对接，开始了紧锣密鼓的筹备。她们先细心地甄选教学内容：针对"互联网+"的特点和二年级语文教材的特点，她们觉得，课文单元可以开展同步课堂，特别是口语交际部分，利于学生的互动交流。但是，识字教学和语文园地由于无法对受方学生进行实地指导，相对来说，不便于开展同步课堂……

（二）为有源头活水来

为使教学模式得到本质上的创新，九月之后，吴老师的每一天都是从忙碌开始，伴着收获和疲倦而眠。

备课充分来护航。备课充分是教师走进课堂的定海神针。安排同步课堂的那天早上，她一跨进校门就直奔录播教室，准时打开同步课堂设备，调试设备，为上课做好准备。

往常备课都是"一对一"的模式，一位教师针对一个班的学生准备一个课时的教案，但是，有了同步课堂之后，吴老师除了考虑自己班里的学生，还要兼顾受援方的学生。吴老师是"问题导学型学本课堂"的教学精英，她也把这种教学方式带到了齐溪镇中心小学。因此，前期的备课就显得尤为重要。

上课的前三天，那是她和余晓慧老师约定同步备课的日子。她独自备完课，并不是急着试教，而是通过大屏幕把教学设计的每一个环节说给余老师听，和余老师交流教案的每一个细节，大到文章解读，小到一个问题该怎么提问，都一一进行讨论，然后列出本节课的问题学习清单，力争支援方和受援方的孩子都能参与进来。这是吴老师雷打不动的习惯，她自己也说，只有同步备课对接过，心里才算是真的有底了。

课堂布局新思路。课堂是教师最美的舞台。开始上课了，吴老师引导两个班的孩子一同听课，一同思考，一同交流。她把课堂交流分为三个环节：小组交流、汇报质疑、同心解题。吴老师首先组织孩子们静心听课，然后根据问题清单，引导孩子们小组讨论，主要是小组内交流。值得注意的是，在这三个环节中，重点在于汇报质疑和同心解题，孩子们利用360度全景摄像头的跟踪，自如汇报自己的想法，两所学校的同学都可以纠正补充，或者提出自己的疑惑。吴老师还开展启发式、探究式、讨论式教学，课堂变成了多元互动、灵动活泼的"学堂"，这也彰显了新课程

图 7-5　吴有苃老师同步教学现场

教学中"以学生为主体"的教育观念，两个班的孩子如同坐在同一个班级里，享受一样的教育资源。

课后反思增厚度。上完课后，吴老师马上和余老师在线上进行了一场简短的经验交流会议，她们共同针对这一节课中孩子们的表现、课堂的每个教学环节开展效果、教学目标的达成度、教学重点是否落实到位以及课件今后的修改思路等内容进行了充分的交流。平时，她们还会根据学生的作业反馈召开"紧急会议"。放学后，学生回家了，吴老师才能静下心来整理本节课的教学设计，她把每天的收获与不足都做好记录。她说，自己就是一根火柴，希望点燃更多的蜡烛，让学生享受更加明亮的未来。除了线上交流，吴老师和余老师约定在每月的15日进行线下讨论。

三、千树万树梨花开

一段时间下来，开化县何田乡田畈小学二年级的6位孩子都亲热地喊吴老师为"吴妈妈"，余晓慧老师也亲切地挽着吴老师的手，喊"吴姐姐"，她说："吴姐姐让我明白了语文课堂是怎样的，让我懂得了如何与孩子们进行无障碍交流，让我在同事们面前更加阳光自信。"开化县齐溪镇中心小学的22位孩子，更是在课后围着吴老师转。吴老师微笑着说，看着双方孩子们灿烂的笑脸，就是对自己辛劳的最大肯定。家长们也发自肺腑感慨：吴老师真是位好老师。在开化县，像吴老师这样，默默走在"互联网＋义务教育"教学改革实践之路上的

技术赋能教育均衡

优秀教师，散落在全县各地，用一句诗来形容就是"千树万树梨花开"。他们奋斗在"互联网＋义务教育"创新模式的第一线，给开化农村的教育教学带来了颠覆性的变革，从一定程度上化解了"撤点并校"带来的"后遗症"，缓解了城区学校压力过大的现状，降低了农村家庭的教育成本，让农村的孩子享受到优质教育。

四、心怀期许梦阑珊

图7-6 两校教师同步教研活动

从支教教师到几所典型学校到共同体每所学校再到全县所有学校，开化县在这样的"点线面体"的"互联网＋义务教育"架构中，通过一个个"原点"将教育理念润物细无声地渗进学生学习的过程，通过一个个"原点"将农村与城乡学校串联在一起。相信，"互联网＋义务教育"之花会开遍开化县的每所学校，敦促教师加快改革的脚步，在探索促进县域教育均衡发展的道路上踩出坚实的脚印。

开化县教育研究与培训中心

开化县实验小学

（执笔人：程小凤 汪雪明 王雪梅）

扫码观看视频

乡下娃和城里娃，互联网上共起跑

"太好了，终于听到城里漂亮老师的课啦！""城里教师的课，特别注重多样的教学方法，课堂留给学生更多思考、表达的时间。""他们力气真大，太厉害了，挖了那么大一篮子笋，我看到山坡就害怕，怕滑下来。""陈溪的小伙伴特别勤劳，上课纪律真好！"自从上虞区实验小学与陈溪乡小实施城乡携手以来，两校师生间的精彩故事纷呈不断……

一、"城里娃"牵手乡村小学，"面对面"沟通

潺潺的小溪，盛开的山花，清新的空气，一路所见都是那么的新奇。20余名上虞区实验小学的学生，背着小书包，捧着笔记本，在教师的带领下，走过弯弯曲曲的林荫小道，跨过石桥，与山里娃一起寻访革命先烈的红色印迹。

"城里娃"与"乡下娃"如何更好地互动融合？"城乡携手帮扶结对，常态化推进同步课堂"便是一个关键举措。"同步课堂可以让城乡孩子的学习内容和进度保持一致，而师生互访、互联可以发挥文化引领、优势培育、特色新建等作用，促进两校更好地发展。"上虞区实验小学副校长祝浩军介绍。

为了让城里教师深入乡村小学，体验别样的校园生活，收获更多的精彩人生，2019年初，上虞区实验小学校长经建美带领分管领导、学科专业团队赶赴陈溪乡小，进行管理团队与教师之间的交流。上虞区实验小学的几位骨干教师还开展了送教工作，组建了"结对帮扶"工作办公室，成立了"同步课堂"专业团队，在面对面沟通下相互增进了解。

二、"乡下娃"走进城区学校，"实打实"体验

上虞区实验小学是一所城区优质学校，拥有73个教学班，3000余名学生，200位教职员工。距离城区40多公里外的陈溪乡小只有6个班级，76名学生，12位教师。

"什么时候我也能到上虞区实验小学和小伙伴一起上课?""上虞区实验小学的足球课我也想体验一下!""经校长,你们学生上信息技术课,老师会教3D吗?"面对陈溪乡小学生们的一个个问题,经建美校长许下诺言:"孩子们,我一定会来接你们去上虞区实验小学上课的。"

带着希望与憧憬,2019年4月11日,载着陈溪乡小全校80多位师生的大巴车开进了上虞区实验小学。76位"乡下娃"分别安排到14个教学班中,体验相似但却不一样的课堂。

"这边的老师讲话好温柔。""这里的同学上课举手回答问题真响亮!""计算机房真大,3D创意设计我也有点学会了。""下课了,老师还在教室改作业,与同学聊天,他们给我的感觉,是老师也是朋友,我很喜欢这里的老师。"通过短短一天的学习,两校师生联络了感情,增进了友谊。

三、"零距离"相约网上课堂,"手拉手"进步

一根网线,一块屏幕,在城区学校和乡村学校之间架起了知识与友谊的桥梁。此后的日子里,两所学校围绕基础性学科和拓展性学科展开紧密合作,按照每周两次的频率,开展线上线下的备课、上课和网络研讨活动,科学、美术、书法、国学类课程轮番推进,教学理念、教学方法不断更新,优质课程接连共享。

"邵老师,下午第一节,我先给二年级学生上书法课,第二节你给他们上剪纸课。"上虞区实验小学王陆军老师给邵焕老师在同步课堂微信群里这样留言。

"一把螺丝刀瞬间拉近了和远方学生的距离,课堂上王京老师既引领自己班的学生开展科学探究,又关注陈溪乡小学生的小组实验,课堂让大家共同成长。"陈溪乡小的夏苗娟老师反馈。

四、"连续剧"持之以恒,"心连心"发展

2019年9月开学初,陈溪乡小四年级学生王思琪的奶奶把不转学的决定告诉了班主任。"原先还担心孩子父母不在身边,学习跟不上,现在陈溪乡小每周能与上虞区实验小学的老师进行网络互动,做实验、练书法、剪纸和学英语,

每天都很充实。我们看在眼里，也都很放心。"王思琪的奶奶笑着说。"自从开设了与上虞区实验小学相同的拓展性课程后，陈溪乡小生源流失现象便消失了，一年级新生没有流失一个，二至六年级学生也没有一个转到邻近乡镇小学。"陈溪乡小夏少军副校长介绍，而这也给了两所学校更大的前进动力。

图7-7　书法专递课堂

同上一堂课、同唱一首歌、同做科学实验、同步开展体验活动……经过8个月的磨合，两校教师备课更充分，课堂互动更多向，教学模式更丰富。两校互相推送微课、优质教学视频等资源达100余个，依托网络开展同步课堂50多节，这让两所学校的学生体会到学习的快乐、探索的喜悦和成长的幸福。

陈溪乡小和上虞区实验小学同步课堂的故事只是上虞区推进"互联网＋义务教育"结对帮扶工作的一个缩影。线下，城区教师进入乡村小学送教，乡村孩子到城区优质学校上课；线上，依托网络直播、之江汇教育广场等，针对乡村学校的薄弱学科开展同步课堂，让城乡教师心理共融、和谐互助，让城乡学生互通互融、共学共进。

有了互联网，城乡师生不再陌生，距离也不再成为交流与合作的障碍。我们有理由相信，城乡教师携手合作，常态化、持续化推进同步课堂，促进城乡教育均衡发展的目标必将实现！

绍兴市上虞区实验小学

绍兴市上虞区陈溪乡中心小学

（执笔人：祝浩军　阮军灿　夏少军）

扫码观看视频

> 技术赋能教育均衡

一块铜牌带来的教育"新鲜事"

2019年的某一天,稽江完小的学生们惊喜地发现,学校门口挂上了一块金灿灿的铜牌,"浙江省互联网+义务教育实验小学援助学校"几个字格外醒目,有早已了解情况的高年级学生笑了,他们兴奋地谈论着:"以后我们可以足不出校就和城里的同学们同上一堂课了……"

这是绍兴市柯桥区教育体育局根据上级部门的要求,开展浙江省民生实事工程之"互联网+义务教育"结对帮扶工作后开展的举措之一。

这次上级部门要求柯桥区通过互联网结对的有14所学校,实际上柯桥区有17所中小学参与了结对。把铜牌挂在学校醒目位置,目的是让更多的家长、学生知晓这一民生实事,让支援学校和受援学校通过挂牌这一特殊形式向社会公开公示相互间的契约,传递一种承诺和责任,在彼此真诚的牵手中讲述感人的结对帮扶故事。

一、坚固的基础让铜牌有了长度

"全面推进'互联网+义务教育',推进1000所中小学校结对帮扶,让城乡孩子共享优质教育资源"列入浙江省政府2019年民生实事项目以后,绍兴市柯桥区教育体育局根据浙江省教育厅、绍兴市教育局要求,迅速行动,很快就确定了10所优质中小学与区内外14所中小学结对帮扶,这主要归功于柯桥区有一个良好的"互联网+义务教育"基础。

2013年9月1日上午,刚到稽江完小支教的王老师走进四(1)班教室,给学生们上了她到稽东后的第一堂语文课,柯桥区名优教师标准的普通话、精彩的教学艺术、精美的板书让山区的孩子们兴奋不已……这是自2011年以来,柯桥区实施城乡学校联盟结对制度,建立了9个跨镇跨学区的城乡教育联盟,由城区或平原优质学校结对山区或薄弱学校,实行两校干部、教师结对交流制,由城区的名优教师到山区支教的场面。

2014年12月，柯桥区举行了"城乡互动"课堂实践探究活动，柯桥区实验小学邵老师给柯桥区稽东镇中心小学的五年级学生上了一堂生动的远程数学课。师生实现了实时对话、作业互动等。

2016年1月，柯桥区首届"智慧课堂"实践研讨观摩活动如期举行。活动中，柯桥区实验中学陈老师同步给本校和柯桥区杨汛桥镇中学两个班级的七年级学生上了一堂数学课。与此同时，两校校长开展远程对话，交流城乡联盟学校活动心得和下一阶段工作打算。

2018年6月12日，柯桥区开展了"现实小班、虚拟大班"远程教学实践探究活动。活动中柯桥区实验小学柯老师远程给稽江完小、王坛镇青陶小学、两溪小学及平水镇王化小学四校四个班级同上一节英语课。课中，柯老师标准的发音、幽默的语言，让山区的孩子们度过了美好的英语课学习时光。

2016年至2018年，柯桥区投入一亿多元给全区中小学所有教室安装了交互式电子白板及蓝牙音箱、全区中小学每校建有一个固定录播教室或常态录播教室、完成柯桥区教育资源公共服务平台建设。

二、坚实的步伐让铜牌有了宽度

2019年4月初的一天上午，绍兴市柯桥区教育体育局普教科313办公室的电话铃响了，电话是同市的嵊州市教育体育局普教科负责人打来的，电话告知与柯桥区结对帮扶的四所小规模学校已经确定了，嵊州市崇仁镇民胜小学、升高小学、嵊州市谷来镇双溪小学、显潭小学将与柯桥区的优质学校结对。双方负责人分别就随后要做的一些具体事宜进行了愉快的交流……

2019年5月中旬的一天上午，绍兴市柯桥区实验小学校长的面前放着几份《绍兴市柯桥区"互联网+义务教育"城乡学校结对帮扶协议书》，他仔细地阅读了协议书，然后庄重地在协议书上签上自己的名字并盖上学校公章，他们学校将与本区的稽江完小和新疆阿克苏地区的阿瓦提县实验小学结对。第二天协议书将出现在稽江完小校长面前，她将在协议书上签上自己的名字并盖上学校公章。几天后协议书将出现在阿瓦提县实验小学校长面前，他也将签上自己的名字并盖上学校公章。这几份协议将上传至之江汇教育广场平台。

技术赋能教育均衡

2019年9月24至25日，浙江省"小班化"教育推进活动在柯桥区进行，柯桥区实验小学、稽江完小、柯桥区鉴湖小学和柯桥区漓渚镇朱家坞小学分别展示了城乡同步课堂，200多名全省与会人员观摩了此项活动。

2019年9月25日上午，柯桥区中国轻纺城第二小学五（1）班教室，一节不同寻常的数学课正在进行中。执教该班数学的张老师正在为刚刚回答问题的黄同学作点评。奇怪的是黄同学并不是该校五（1）班的学生，而是一位远在50多公里外的嵊州市谷来镇双溪小学的学生，这到底是怎么一回事呢？原来这是柯桥区中国轻纺城第二小学与嵊州市谷来镇双溪小学进行的又一次同步课堂。

2019年9月26日上午，柯桥区"互联网＋义务教育"结对帮扶工作推进会在柯桥区实验小学顺利召开。此次推进会的第一项议程就是柯桥区实验小学对稽江完小展示城乡同步课堂。柯桥区实验小学的陈老师在稽江完小干老师的辅助下，从"解诗题""说诗意"入课，带领柯桥区实验小学六（1）班的孩子们和稽江完小六年级的14名孩子们与于谦"对话"。课堂打破城乡空间的距离，成功实现两地学生实时交流，互学互评。

三、坚定的信心让铜牌有了温度

互联网支撑下的城乡同步课堂、教师网络研修、远程专递课堂和名师网络课堂让远在山村的孩子享受到了与城区孩子一样的教学资源，真正让支援学校和受援学校师生同时体会到了"互联网＋义务教育"带来的获得感、幸福感。

支援学校柯桥区实验小学校长如此说："教育是心与心的交流，只有心与心交流了，教育才真实发生了。不管在什么时代教育的本质不会改变。'互联网＋义务教育'，通过互联网信息技术，把原来不可能的城乡两地孩子的同时同步享受名优教师的课堂教学变成了现实。这是信息技术支撑下的教育形式的新突破和新发展，为城乡教育的同步均衡发展提供了一种新的可能性。"

受援学校柯桥区平水镇横溪小学校长这样说："通过'互联网＋义务教育'，百年名校柯桥小学的优质教育资源迅速走进了我们横溪小学全体师生的心里。特别是，城乡同步课堂的深入推进，不仅使教师得到了共进：教育方法互鉴、优质资源共享、学法指导共进，而且让学生受益更大：与城区孩子同步上课、同步互动、同步交流反馈、共同提高，也感受到了与城区孩子的差别，决心要更加发奋读书，尽快缩小城乡差距。"

2019年9月30日，柯桥区漓渚镇朱家坞小学和鉴湖小学的六年级学生开展了城乡同步课堂活动，上了一节有趣的数学课——"一个数除以分数"。课后，受援学校柯桥区漓渚镇朱家坞小学六年级的朱同学兴奋地说："这别具一格的课堂，不仅带给我新鲜感，而且让我学到很多知识，有了许多的收获。我知道了一个数除以一个数（0除外）等于一个数乘以后一个数的倒数；懂得如何分清数量关系列式和怎样画线段图。在这节课上，我们和鉴湖小学的学生一起上课、一起讨论、一起互动，不仅增长了知识和见识，还认识了亲切的陈老师，结识了一群活泼热情的朋友，我十分快乐！真希望这样的课堂能多一些。"

"互联网＋义务教育"作为浙江省政府2019年民生实事项目之一，将有力地促进优质教育资源共享，扩大其辐射面，推动教育均衡发展。柯桥区将紧紧围绕这个目标，纵深化、多样化推进"互联网＋义务教育"，积极探索"互联网＋义务教育"发展新模式的同时，探索个性化发展，讲好"互联网＋义务教育"的故事，让这个出现在柯桥区教育现代化征程中的"新鲜事"为全省教育发展提供崭新的"柯桥样板"。

绍兴市柯桥区教育体育局

（执笔人：盛建兔）

扫码观看视频

尾声
干在实处的蓝图擘画

教育是国之大计、党之大计,是民族振兴、社会进步的重要基石。党的十九大报告指出,经过长期努力,中国特色社会主义进入了新时代,这是我国发展新的历史方位,也是我国教育事业发展的新起点。站在教育发展新时代的坐标上,办好人民满意的教育,需要解决公平与质量的问题。《国家中长期教育改革和发展规划纲要(2010—2020年)》明确提出,把促进公平作为国家基本教育政策。坚持教育事业优先发展,坚持改革创新,坚持合理配置教育资源,加快缩小城乡、区域和校际的教育差距。多年来,通过制定城乡学校教育资源均衡配置标准,推进标准化学校建设;强化教师流动机制,推进优质师资向教育薄弱地区倾斜等举措,推动教育优质均衡发展。迈入新时代,互联网、大数据、人工智能、区块链等技术的快速发展,深刻改变着人们的生产生活方式,一场技术赋能教育的深层次变革,也推动着传统教育理念、教学方式和教学内容的大转变。在以教育信息化支撑和引领教育现代化的大浪潮下,信息技术不仅在悄悄改变现在的教育形态,同时也在塑造未来的教育。社会大众对未来基于网络环境更加开放、让每个孩子都能享有公平而有质量的教育,寄予了更美好的期望。

"海阔天空浪若雷,钱塘潮涌自天来"。浙江省历来高度重视教育工作,始终把教育放在优先发展的战略地位。2015年,全省所有县(市、区)均通过国家义务教育发展基本均衡县评估认定。据2016年、2017年、2018年教育部发布的《中国教育信息化发展报告(基础教育)》显示,浙江连续三年基础教育信息化综合发展指数位居全国前列。基于这样的教育高位发展阶段,推进城乡义务教育一体化发展，助推乡村振兴战略，浙江需要有更高的定位和更深入的行动。2019年，"全面推进'互联网＋义务教育'，推进1000所中小学校结对帮扶，让城乡孩子共享优质教育资源"[1]被列为浙江省人民政府民生实事。这是浙江省贯彻落实党的十九大"办好网络教育"精神的重要体现，是浙江在教育公共服务领域中深化"最多跑一次"改革、推进政府数字化转型的重大举措，也是浙江全面实施数字经济"一号工程"在教育领域中的具体反映。立足让城乡孩子共享优质教育资源，形成"互联网＋义务教育"的新生态，按照"一个目标、两个阶段、三个层次、四种形式"的既定工作方案，浙江教育人勠力同心、蹄疾步稳地推进创新实践。

当前，浙江省委、省政府提出了"深化'互联网＋义务教育'，探索组建城乡教育共同体，推动城乡孩子同教育同培养"[2]的新方略，一张蓝图绘到底，既有延续又有创新。技术赋能教育均衡已是当下浙江教育人的共同使命和责任担当，在不断优化互联网等信息技术环境的同时，技术还需要承载起城乡义务教育一体化发展的理念认知、整体发展、机制体制变革的内驱作用，凸显技术赋能教育均衡曾经走过的点、线、面的实践历程，以"最多跑一次"的思维，改革的共同体意识、整体性的制度框架、系统的自我优化机制以及互联网与大数据的普遍应用，铸就"互联网＋义务教育"全方位、多维度、类金字塔模型的"体"。

一、技术筑基

"互联网＋教育"是随着信息技术的快速发展，以互联网为代表的信息技术与教育领域的融合而萌生的一种新的教育形式，这一形式并不是互联网与教育两个因素的简单相加，而是技术赋能教育的融合创新。《中国教育现代化2035》的印发，标志着以"互联网＋"为主要特征的教育信息化将成为新时代教育变革的助推器。

在类金字塔模型中，底面的宽度、广度与厚度，将直接影响模型可能达到

---

[1] 选自浙江省第十三届人民代表大会第二次会议上《2019年浙江省政府工作报告》。
[2] 选自浙江省第十三届人民代表大会第三次会议《2020年浙江省政府工作报告》。

的高度。作为"互联网+教育"底座维度的技术,担负着承载的职能,通过技术的融入与浸润,以信息技术与教育教学深度融合为基础,推进教育教学数字资源建设与应用、增进城乡学校的互联互通,实现流程再造、数据共享,倒逼教育评价、教育方式、教育体制机制等方面的深刻变革。然而,载体不同,成效也大不相同。例如20世纪90年代以前,走街串巷的"卖货郎",他的生意能做得多大,取决于他的脚步能走多远。然而互联网时代的"双11",单个平台、一天时间,动动手指,成交额就超千亿元。由此可见,不断地丰厚技术之基,是发挥技术增进教育公平新动力的基础保障。我们一方面,要重视装备配置的研究,梳理实践中的需求与应用问题,诊断和完善规范的、具有指导意义的"互联网+教育"装备配置、技术环境建设指南与标准,以此,不断地优化网络环境、技术环境和应用环境,提升传输效率与远程协同应用的体验感、舒适度与成效;一方面,要充分应用大数据、云计算、人工智能、区块链等新技术,敏锐地引入信息技术发展的新成果,实践探索基于大数据智能的在线学习教育平台,开发智能教育助理,建立智能、快速、全面的教育分析系统,推进以高速率、低时延、宽接入为特征的5G网络等技术,进一步拉近网络与屏幕两端师生共享优质教育资源的"距离"。

二、以人为本

"体"的字形组成,即"人"与"本"的结合,人是生产要素中最活跃也是最为关键的因素。习近平总书记强调,培养什么人、怎样培养人,是教育的首要问题。推进"互联网+教育",让城乡孩子共享优质教育资源,根本目的是培养德智体美劳全面发展的社会主义建设者和接班人。

技术赋能教育均衡,应从着眼于"物"转向着眼于"人"。2019年浙江省在推进"互联网+义务教育"城乡学校结对帮扶过程中,以教学应用、教师研修为着力点,确立了"城乡同步课堂、远程专递课堂、教师网络研修、名师网络课堂"四种结对帮扶形式,同步推进了满足同步互动课堂的技术环境、数字资源服务平台等一系列建设。然而硬件环境的到位及行政推动,只为拓展优质教育资源覆盖面提供了可能,其核心还在于人。一是理念与认识。如何增强主体意识，变"被动"为"主动"，从"应付"到"突破"？如何站在师生维度，科学理性地设计活动形式与载体……这些问题不解决，持续性与实效性就必然会受到影响。在义务教育阶段，要充分分析学生的身心特点和城乡学情差异，并不是所有的学科、所有的教学内容都适合同步课堂，也不是所有的活动都适合同步面向学生。《浙江省教育信息化三年行动计划（2018—2020年）》中，明确提出了"关注技术伦理"这一要求，强调在实践中应严格遵循教育规律和学生成长规律，理性地处理好量与质、教学应用与技术支撑、线上与线下融合、面向学生与指向教师等问题，科学有效地拉近城乡教师的心理距离，更好地推进城乡主辅教师课前、课中、课后的融通，切实提高结对帮扶的质量、水平和效益。二是能力与水平。推进"互联网＋义务教育"，教师的信息技术应用能力和信息素养是关键，依托"教师信息技术应用能力提升工程2.0"，持续提高校长信息化的领导力、教师信息化的实践力，缩小城乡教师应用能力的差距。另外，受当前技术水平与配置标准的制约，需要确立"人机融合"的意识，即当技术无法满足需要，或存在应用缺陷时，需要有效激活教师作为个体的创造性，通过应用方式的改变和融合，破解技术不足。让"互联网＋教育"的实践，促进师生在技术浸润、融合中主动成长，成为自觉发展的主体，有效助推城乡师生的共发展同成长。

三、整体推进

"互联网＋教育"是一项基于互联网为代表的信息技术，促进城乡优质教育资源共建共享的系统工程，因此，需要强化整体推进。所谓整体，就是要站在大教育的维度，统筹教育系统内部与外部的优势力量，形成合力。

华东师范大学终身教授叶澜说："从差异的角度看，就是要在承认和尊重差异的基础上，改变不合理的差异，以实现平等。农村教育不是城市教育的翻版，而是独具风格和内涵的新农村教育。"[①]一是城乡结对学校，不是你强我弱，而是优势互补。城乡学校间在地域、文化与师生状况等方面存在差异，这

---

① 选自2019年10月16日《光明日报》第13版上的《关于教育优质公平发展的三重思考》一文。

是现实，城区学校有它的优势，但乡村学校同样也有它的独特性，结对学校间需以平等的视线，在有效梳理双方优势、需求的基础上，淡化城区学校单向性"帮扶"与资源输出的狭隘认识，共商、共建、共享，才能构建起常态、长效的城乡教育共同体，促进学校差异发展、共同发展、高质量发展。二是构筑行政主导、业务联动、多方融合的深化路径。坚持"县域为主、因地制宜、突出重点"的城乡学校结对原则，给予基于技术的城乡教育一体化发展体制创新，提供实践空间与政策机制的保障；系统内加强各部门的职能明晰与业务协同，加大之江汇教育广场的建设力度，强化教育行政、教科研、技术等多方面的统筹融合，建设"优质、精准"的新型数字资源体系，提高支撑和服务学校师生的水平；在机制和运作层面更好地吸引大专院校智力支撑与智力引领的力度，增强理论对实践的指导，丰厚实践对理论内涵的提升，同时，进一步倡导和推进校企合作、公益捐助的良好生态，深化探索"公益＋市场"的资源供给机制，扩大城乡学生优质教育资源的选择面与覆盖面。

四、机制优化

浙江省"最多跑一次"改革，以群众感受"小变化"，撬动政府运行的"大变化"，基于技术支点，不仅提高了政务效率，更建立了一系列行政流程、操作标准，推进了法治政府建设[①]。技术促进城乡协同发展，需要充分借鉴"最多跑一次"改革的思维，凸显以现代教育技术为手段，撬动"城乡教育共同体"管理体系变革，推动城乡学校管理共进、资源共享、教学共研、信息互通、师生互动、差异互补，构建城乡教育一体化发展的制度性、规范化体系。

深化"互联网＋教育"，探索城乡教育共同体建设，需要聚焦城乡学校统筹管理、教育评价改革、优质资源共享、师生活力激发等方面的体制和机制创新，让技术更好地服务于教育，从而让教育回归本质。一要研究和探索促进城乡义务教育优质均衡发展的政策体系。构建城乡义务教育一体化发展的技术环境建设与优化、结对学校（共同体）工作绩效督导评估、教师激励评价、融合

---

① 选自中国人民大学出版社的《"最多跑一次改革"浙江经验，中国方案》一书。

系统内外有利资源等方面的体制和机制。二要实践和完善基于互联网等信息技术的城乡协同发展的应用体系。坚持"问题导向、需求导向、绩效导向"的实施原则，以由"建"转化为"破"、由"加"转化为"减"的思路，研究推广不同结对类别，不同学段、不同学科、不同教学内容网络结对的适切形式，探索以县为主、同质同频、补短共进的同步互动课堂，探索以县外协同、层级带动、团队合作的教师网络研修等面向教师与面向学生的网络教与学有效模式，开发和建设面向薄弱学校和小规模学校短缺的课程资源，形成数字化、网络化、智能化的教育资源支持和服务体系，形成满足师生多样化和个性化需求、基于差异发展的不同层级的结对运作体系。

"'互联网＋'正在触发教育教学模式变革。'互联网＋教育'是对教育各要素的全面重构，其核心在于构建未来教育新生态。着力构建'互联网＋'条件下的人才培养新模式、发展'互联网＋'条件下的教育服务供给新模式、探索'互联网＋'条件下的教育治理新模式。"[①]浙江省教育基础较好，但老百姓从"有学上"到"上好学"的需求亦大，更要加大顶层设计、资源整理力度，创新运行机制，放大"互联网＋"效果，努力探索形成具有浙江印记的技术赋能教育均衡的经验，并为全国提供"互联网＋义务教育"的浙江方略。

[①] 选自中华人民共和国教育部科技司长雷朝滋的《加快发展"互联网＋教育"，推进教育深层次、系统性变革刻不容缓》一文。

后记 POSTSCRIPT

　　长期以来，城乡之间受到师资力量、学校办学理念、地区差异等各种因素的影响，城乡义务教育发展不均衡问题依旧存在。依托互联网等信息技术优势，促进优质教育资源共建共享，是实现乡村教育振兴的必然选择。本书基于"全面推进'互联网＋义务教育'基本路径研究""区域教育信息化应用案例实施策略的实践探究"等课题研究成果，以浙江基于技术助力城乡教育优质均衡发展的实践为基础，以区域、学校应用实践案例分析为主要手段，围绕技术支撑、应用实践、体制机制三条路径，从共享数字资源、助力教学教研、支撑协同办学与优化教育治理四个维度，呈现技术促进城乡学校结对帮扶、助推教育优质均衡发展的实践应用模式，以期为各地推进和深化基于技术的城乡教育优质均衡发展提供借鉴与参考。

　　本书遵循浙江教育"以教育信息化引领和推动教育现代化"的战略部署，坚持促进公平而有质量的教育价值向度，技术与教育教学相融的实践路线，问题导向、差异发展、共建共享的实践准则，以技术撬动体制创新、助力城乡孩子共享优质教育资源的目标追求，有针对性地收录了不同层面、不同类型、不同模式，集真实性、操作性、借鉴性和故事性于一体的实践案例，将浙江在技术赋能教育均衡的探索成效呈现书中。"千淘万漉虽辛苦，吹尽狂沙始到金。"在实践中，我们也不可避免地存在诸多困惑、问题与不足，有的问题在摸索实践过程中找到了应对之法，形成了可圈可点、可学可用的应用模式；有的问题尚未找到相对有效的解决路径，仍需要理性地梳理基于技术的应用体系，激活学校和教师的个体创造力，在今后的实践中再探索、再总结。

　　在课题研究，特别是本书的编纂过程中，我们有幸得到了多方支持与帮

后 记

助。浙江省教育厅基础教育处、浙江省教育厅教研室、浙江教育出版集团、浙江教育报刊社等单位和浙江大学、浙江中医药大学、浙江师范大学、浙江外国语学院、湖州师范学院等省内高等院校的专家、领导为本书的内容结构设计提供了具体的业务指导；全省各设区市、县（区、市）教育行政部门、技术部门和相关学校积极组织协调，各案例单位领导和老师鼎力支持；还有给予案例实践以技术支持的相关企业，在此一并表示感谢！

按照浙江"最多跑一次"改革的思维，在承认和尊重城乡差异的基础上，依托互联网为代表的信息技术，破解城乡义务教育发展不均衡问题，努力让每个孩子都能享有公平而有质量的教育，浙江永远在探索"互联网＋教育"新形态的路上。由于实践的深入程度、研究的水平有限，本书难免存在纰漏和不足之处，敬请读者指正，以便再版时修订完善。

图书在版编目（CIP）数据

技术赋能教育均衡 / 浙江省教育技术中心编. -- 杭州：浙江教育出版社，2020.4
（智慧教育的浙江印记）
ISBN 978-7-5722-0081-6

Ⅰ. ①技… Ⅱ. ①浙… Ⅲ. ①教育工作－信息化－研究－浙江 Ⅳ. ①G527.55

中国版本图书馆CIP数据核字（2020）第045156号

智慧教育的浙江印记

技术赋能教育均衡
JISHU FUNENG JIAOYU JUNHENG

浙江省教育技术中心　编

责任编辑：张维宁		**责任校对**：雷　坚	
责任印务：刘　建		**封面设计**：Edge_Design	
美术编辑：曾国兴			
出版发行：浙江教育出版社			
（杭州市天目山路40号　邮编：310013）			
图文制作：杭州兴邦电子印务有限公司			
印刷装订：杭州富春印务有限公司			

开　　本：787 mm×1092 mm　1/16　　　　印　张：12
字　　数：250 000
版　　次：2020年4月第1版　　　　　　　　印　次：2020年4月第1次印刷
标准书号：ISBN 978-7-5722-0081-6
定　　价：78.00元

版权所有·翻印必究
联系电话：0571-85170300-80928